Aider son enfant à écrire

50 FICHES CONTRE LA DYSORTHOGRAPHIE

De Boeck Supérieur
4, rue de la Michodière
75002 Paris
Tél. : 01.72.36.41.60

Maquette intérieure et mise en pages : CW Design

Imprimé en Belgique

Dépôt légal :
Bibliothèque nationale, Paris : septembre 2016
Bibliothèque royale de Belgique, Bruxelles : 2016/13647/150
ISBN 978-2-35327-360-7

Delphine **de HEMPTINNE**

Aider son enfant à écrire

50 FICHES CONTRE LA DYSORTHOGRAPHIE

deboeck SUPÉRIEUR

SOMMAIRE

Fiches théoriques

Je m'informe sur la dysorthographie

Fiches pratiques

J'aide mon enfant à surmonter sa dysorthographie

DÉVELOPPER LES PRÉREQUIS

DÉVELOPPER L'ORTHOGRAPHE PHONÉTIQUE

DÉVELOPPER L'ORTHOGRAPHE LEXICALE

DÉVELOPPER L'ORTHOGRAPHE GRAMMATICALE

STRATÉGIES GAGNANTES

RÉALISER LE TRAVAIL SCOLAIRE

L'AUTEUR

Delphine de Hemptinne est orthophoniste spécialisée dans l'aide aux enfants « dys » et l'accompagnement des parents et des enseignants.

Passionnée par le monde de l'apprentissage et de l'éducation, elle est également une des responsables de Jouons Malin (**www.jouonsmalin.com**), une plateforme d'information et d'analyse à propos des jeux et des jouets.

Fiches théoriques

JE M'INFORME SUR LA DYSORTHOGRAPHIE

FICHE

1 Qu'est-ce que la dysorthographie ?

› La dysorthographie est un dysfonctionnement de l'orthographe

Présent au début du mot, « dys » vient du grec et signifie « difficulté », « dysfonctionnement ».

L'enfant dysorthographique éprouve des difficultés à mémoriser l'orthographe des mots, à comprendre comment fonctionne l'orthographe de sa langue. Cette difficulté à écrire sans fautes est présente dès qu'il doit écrire, que ce soit lors des dictées ou lors des rédactions spontanées.

› La dysorthographie est un trouble des apprentissages

Ces troubles se manifestent par des difficultés d'apprentissage qui surviennent tôt durant l'enfance et qui perdurent, bien souvent, à l'âge adulte. Ces difficultés compliquent la vie scolaire de l'enfant : ses performances sont inférieures à celles attendues selon son âge ou son niveau intellectuel.

› La dysorthographie est due à un développement particulier du cerveau

La dysorthographie n'est pas provoquée par un retard mental, ni par un problème de vue, d'audition, ou par un problème psychiatrique ou un manque de stimulation de l'environnement.

Le cerveau de l'enfant dysorthographique se développe juste différemment de celui des autres enfants. Il se construit d'une façon non adaptée à l'apprentissage de l'orthographe, par exemple en ne permettant pas de mémoriser facilement la bonne manière d'écrire les mots.

› La dysorthographie est le versant écrit de la dyslexie

Dans la majorité des cas, la dysorthographie est accompagnée d'un trouble de la lecture appelé dyslexie. Ces deux troubles apparaissent si souvent ensemble qu'on a tendance à oublier que la dysorthographie existe aussi de manière isolée. Mais contrairement à la dyslexie qui a fait l'objet de beaucoup d'attention, la dysorthographie est un trouble dont on parle moins.

› La dysorthographie est un trouble assez fréquent

La dysorthographie concerne 5 à 10 % des enfants d'âge scolaire : cela représente 2 à 3 élèves par classe.

À retenir !

- La dysorthographie est un trouble des apprentissages qui affecte le développement de l'orthographe.
- Les personnes dysorthographiques ne sont pas moins intelligentes que les autres : une intelligence normale est essentielle pour pouvoir poser le diagnostic de dysorthographie.
- La dysorthographie ne peut pas être provoquée par un retard mental, un trouble sensoriel, psychiatrique, ou un environnement peu stimulant. Toutefois, ces facteurs peuvent être présents et coexister. Ils viennent alors aggraver ce trouble des apprentissages.

FICHE

2 Quelles sont les causes de la dysorthographie ?

› La dysorthographie est un trouble génétique

La modification d'un ou de plusieurs gènes qui jouent un rôle dans le développement du cerveau augmenterait le risque que se développe une dysorthographie.

Comme la plupart des troubles d'origine génétique, la dysorthographie a tendance à être héréditaire. On connaît tous des familles au sein desquelles les problèmes d'orthographe se transmettent de génération en génération. Si l'un des parents souffre de dysorthographie, chaque enfant a environ 50 % de risque d'en souffrir aussi. C'est pourquoi, en consultation, les spécialistes rencontrent souvent plusieurs enfants d'une même fratrie.

› La dysorthographie est un trouble neurologique

Les anomalies génétiques provoquent un développement anormal de certaines régions du cerveau. Ce serait le cas des régions en charge du langage, de la mémoire de travail ou de l'automatisation. La dysorthographie est donc présente dès le plus jeune âge, mais ne se manifeste que lorsque les apprentissages scolaires commencent.

› Des difficultés à maîtriser les sons de la langue

Pour savoir écrire, l'enfant doit connaître et comprendre les différents sons de sa langue. Si ce n'est pas le cas, il ne parviendra pas à les orthographier correctement. C'est ce qui se passe chez la majorité des personnes dysorthographiques. Leur difficulté à maîtriser les sons du français les amène à les confondre, ce qui rend leur orthographe peu efficace.

› Des difficultés visuo-attentionnelles

Dans certains cas, le fonctionnement anormal du cerveau entraîne des difficultés à prêter suffisamment d'attention à l'aspect visuel de ce qui est écrit. Or, l'orthographe est une activité qui requiert beaucoup d'attention visuelle. Les personnes dysorthographiques ne parviennent donc pas à mémoriser efficacement l'orthographe des mots, des sons ou des lettres.

Les difficultés visuo-attentionnelles concerneraient 25 % des personnes dysorthographiques.

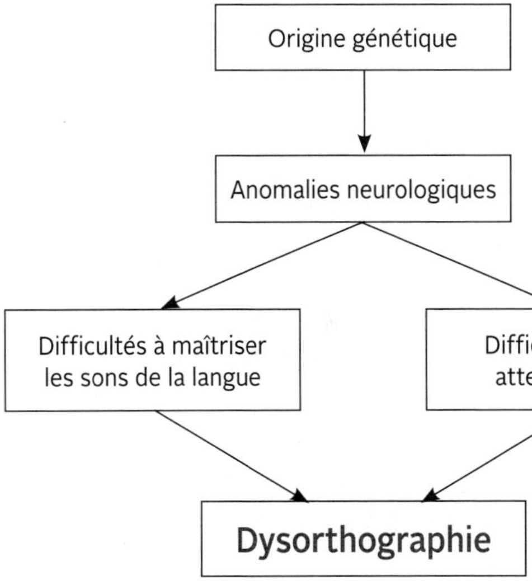

À retenir !

- *Tout comme la dyslexie, la dysorthographie est avant tout un trouble génétique et héréditaire.*
- *Le dysfonctionnement de plusieurs gènes affecte certaines zones du cerveau, provoquant des difficultés à reconnaître les sons de la langue et à focaliser son attention sur ce qui est écrit.*

FICHE

3 Les trois types de dysorthographie

› La dysorthographie phonologique

L'orthophoniste vous parlera peut-être aussi de dysorthographie profonde, dysphonétique, ou phonétique.

Explication

La dysorthographie phonologique est la plus fréquente des dysorthographies. Elle provient d'un mauvais traitement des sons de la langue. Elle empêche l'enfant de traduire les sons qu'il entend en lettres écrites.

Principales difficultés

- Identifier les sons et les convertir en lettres.
- Écrire des mots non connus, peu fréquents ou inventés.
- Décomposer une phrase orale en mots, un mot en syllabes, une syllabe en sons, etc.
- Mémoriser et écrire les sons complexes (ail, eil, gn, etc.).
- Utiliser la grammaire à bon escient.

Implications concrètes

Cette forme de dysorthographie est particulièrement handicapante, puisqu'elle empêche l'enfant de maîtriser le lien entre les lettres et les sons qu'elles produisent. L'apprentissage de l'écriture lettre par lettre est donc très difficile. Pour chaque son entendu, l'enfant dysorthographique hésite et se demande comment l'écrire correctement. Il confond encore davantage les sons qui se ressemblent et qu'il ne distingue pas bien, comme le «p» et le «b», le «t» et le «d», ou encore le «k» et le «g», etc. Écrire lui demande beaucoup d'efforts; ses textes sont remplis d'erreurs et par conséquent difficiles à lire.

Si la dysorthographie phonologique atteint principalement la conversion des sons en lettres, elle n'a pas de conséquence sur la mémorisation visuelle des mots. Les personnes qui en souffrent sont donc tout à fait capables de retenir par cœur l'orthographe des mots fréquents. Au fur et à mesure qu'il grandit et apprend à maîtriser le langage écrit, l'enfant dysorthographique phonologique apprend à mémoriser l'orthographe des mots qu'il rencontre. Avec de l'entraînement, il sera donc capable d'écrire les mots fréquents et connus. Par contre, les nouveaux mots continueront à lui poser des problèmes. Il éprouvera aussi des difficultés lors de l'apprentissage d'une langue étrangère.

Enfin, notons que la dysorthographie phonologique est généralement accompagnée d'une dyslexie du même type. Les confusions de sons et autres difficultés concernant l'écrit se retrouvent donc également en situation de lecture.

› La dysorthographie de surface

On l'appelle aussi dysorthographie dyséidétique ou lexicale.

Explication

La dysorthographie de surface empêche la mémorisation de l'orthographe des mots. La conversion des sons en lettres ne pose pas de difficulté, mais la forme orthographique des mots n'est pas correctement mémorisée.

Principales difficultés

- Écrire des mots irréguliers ou non transparents (ex.: écho, femme, etc.).
- S'affranchir de l'écriture phonétique.
- Développer l'orthographe lexicale.
- Comprendre et utiliser la grammaire.
- Découper les mots entre eux.

Implications concrètes

L'enfant atteint de dysorthographie de surface parvient généralement bien à convertir les sons en lettres. Du moment que les mots sont réguliers, il peut les écrire sans faute. Par contre, les mots irréguliers ou qui ne sont pas entièrement transparents (doubles consonnes, lettres muettes, etc.) lui causent beaucoup de difficulté.

L'enfant atteint de dysorthographie de surface ne parvient pas à mémoriser l'orthographe des mots qu'il rencontre. Alors que ses camarades se construisent progressivement un répertoire orthographique mental, le sien se développe plus lentement. Il lui faut de nombreuses répétitions avant de retenir l'orthographe d'un mot. Et même une fois qu'ils sont mémorisés, les mots semblent stockés sous une forme floue, imprécise. Par conséquent, cet enfant écrit de manière phonétique, c'est-à-dire qu'il écrit comme il entend, même lorsque les termes ne s'écrivent pas exactement comme ils se disent (ce qui constitue quand même une bonne partie des mots en français).

L'enfant dysorthographique de surface ne parvient pas non plus à généraliser ses connaissances orthographiques. Ainsi, même s'il sait écrire *restaurant*, *géant*, et *important*, il ne remarque pas que les mots qui se terminent par « an » s'écrivent généralement avec un « t » à la fin.

La même situation concerne l'orthographe grammaticale. La dysorthographie de surface empêche cet enfant de comprendre comment fonctionne la grammaire, de mémoriser ses règles et ses exceptions et de savoir à quel moment utiliser chaque règle. Par exemple, si le jeune apprend à mettre un « s » au pluriel des noms, il ne verra pas d'inconvénient à en mettre aussi au pluriel des verbes.

Enfin, notons que la dysorthographie de surface provoque souvent des difficultés à découper correctement les mots au sein des phrases. Des erreurs comme «jimagine», «àlécole», etc., sont dues à la difficulté pour l'enfant de comprendre où commence et s'arrête chaque mot.

Tout comme la dysorthographie phonologique, la dysorthographie de surface est généralement accompagnée d'une dyslexie du même type.

› La dysorthographie mixte

Explication

La dysorthographie mixte combine les caractéristiques propres aux dysorthographies phonologique et de surface.

Principales difficultés

- Identifier les sons et les convertir en lettres.
- Écrire des mots non connus, peu fréquents ou inventés.
- Écrire des mots irréguliers ou non transparents (ex.: écho, femme, etc.).
- Décomposer une phrase orale en mots, un mot en syllabes, une syllabe en sons, etc.
- Mémoriser et écrire les sons complexes (ail, eil, gn, etc.).
- Développer l'orthographe phonétique et lexicale.
- Comprendre et utiliser la grammaire.
- Segmenter les mots entre eux.

Implications concrètes

L'enfant qui souffre d'une dysorthographie mixte éprouve des difficultés importantes pour écrire les mots réguliers ou irréguliers, fréquents ou moins fréquents, connus ou non. Il ne sait pas traduire efficacement les mots entendus en suite de lettres et ne parvient pas non plus à retrouver dans sa mémoire la forme orthographique des termes à écrire. L'orthographe est lente à s'installer, tout comme la maîtrise de la grammaire et des sons complexes. Enfin, cet enfant montre aussi parfois des erreurs dans le découpage des mots au sein des phrases qu'il écrit.

À retenir !

- La DYSORTHOGRAPHIE PHONOLOGIQUE est provoquée par des difficultés à traduire les sons en lettres. Elle induit une écriture particulièrement lente et laborieuse.
- La DYSORTHOGRAPHIE DE SURFACE atteint principalement la mémorisation de l'orthographe des mots. Ceux-ci sont mémorisés de manière trop approximative et les connaissances orthographiques sont lentes à acquérir.
- La DYSORTHOGRAPHIE mixte combine les deux dysorthographies citées précédemment. Les difficultés sont donc très importantes.

FICHE

4 Les signes d'alerte en maternelle

La dysorthographie est un trouble présent dès le plus jeune âge. Bien qu'elle soit généralement identifiée vers le CE1[1], plusieurs signes peuvent alerter les parents dès l'école maternelle. Évidemment, tous les enfants qui présentent ces signes ne sont pas pour autant de futurs dysorthographiques. Toutefois, leur présence indique l'existence de fragilités qu'il est important de repérer le plus tôt possible.

Voici une synthèse des principaux signaux qui devraient interpeller parents et enseignants.

› Un faible niveau de vocabulaire

L'enfant dysorthographique présente souvent un stock de vocabulaire limité, qu'il peine à enrichir. Il a besoin de davantage de rappels avant de mémoriser de nouveaux termes. Plus que ses camarades, il lui arrive de ne pas trouver ses mots (c'est le fameux *mot sur le bout de la langue*) ou de confondre ceux qui se ressemblent.

› Des difficultés à maîtriser les sons de la langue

Un élève de maternelle doit attirer l'attention si :

- il répète les mots en mélangeant les syllabes, en inversant les sons ou en oubliant d'en prononcer certains ;
- il ne parvient pas à distinguer deux sons qui se ressemblent ;
- il a tendance à simplifier les mots lorsqu'il parle.

Il est important de repérer ces difficultés dès la maternelle, car elles doivent impérativement être surmontées avant l'entrée à l'école primaire. Lorsque ce n'est pas le cas, les confusions de sons qui avaient lieu à l'oral apparaissent aussi à l'écrit.

---

1. Le CE1 en France correspond à la 2e primaire en Belgique, en Suisse et au Canada.

› Des difficultés à jouer avec les sons

L'enfant doit être non seulement capable de comprendre les sons, mais aussi de manipuler les unités qui composent sa langue (les syllabes, les sons, les rimes et les mots). La plupart des jeunes dysorthographiques ne réussissent pas bien à jouer avec ces unités sonores. Un enfant de 3e année de maternelle est considéré «à risque» s'il ne parvient pas à:

- faire des rimes;
- couper des mots en syllabes;
- distinguer des rythmes ou des sons simples;
- déterminer si deux mots commencent de la même manière.

Il devrait également comprendre à quoi sert l'écriture et ne plus confondre *écrire* et *dessiner*.

› Une mauvaise connaissance des lettres

À la fin de l'école maternelle, une majorité d'enfants reconnaît quelques lettres de l'alphabet[1] (habituellement, celles qui composent leur prénom). Ils savent les nommer, les écrire, les identifier au sein d'autres mots. Ils savent faire la différence entre les lettres et les autres signes graphiques («@», «☺», «↖», etc.). Lorsque ce n'est pas le cas, il existe un risque important de développer une dyslexie-dysorthographie.

› Une faible discrimination visuelle

Déterminer si deux dessins sont semblables ne paraît pas compliqué... Si un enfant s'en montre incapable de façon répétée, il peut s'agir d'une première manifestation de dysorthographie. En effet, l'élève qui distingue mal les dessins en maternelle risque de mal distinguer les lettres et les mots en primaire, et par conséquent de ne pas savoir comment les écrire.

---

1. Dépendant du système scolaire. Dans certains pays, il est d'usage que l'enfant sorte de maternelle en connaissant l'entièreté de l'alphabet. Dans d'autres, on le sensibilise simplement aux lettres et on lui demande de reconnaître celles de son prénom.

› Des faiblesses en mémorisation

La dysorthographie s'accompagne fréquemment de difficultés de mémoire. Habituellement, ce sont la mémoire auditive (mémoire chargée de stocker les sons), la mémoire visuelle (mémoire chargée de stocker les images) et la mémoire à court terme (mémoire qui stocke les informations le temps que le cerveau ait le temps de les traiter) qui sont les plus touchées.

En maternelle, cette faiblesse se repère par une moins bonne mémorisation des chansons, comptines et poésies et par une difficulté à répéter des phrases ou des mots qui viennent d'être dits. Les jeux faisant intervenir la mémoire visuelle (le Memory® par exemple) sont également moins bien réussis.

› Une écriture peu spontanée

Enfin, les enfants qui risquent de développer une dysorthographie montrent souvent une plus faible envie d'écrire. Spontanément, ils semblent moins intéressés par l'écrit que leurs camarades. Lorsqu'on leur demande de rédiger quelque chose (leur prénom par exemple), leur production est plus courte et contient généralement moins de lettres différentes que les autres élèves.

› Et l'écriture en miroir, est-ce normal ?

Lorsqu'ils apprennent à écrire, de nombreux enfants commencent par tracer les lettres et les chiffres à l'envers. Le résultat final est inversé, comme s'il se voyait à travers un miroir, d'où l'appellation «écriture en miroir». Si votre enfant de 5 ans écrit de cette manière, rassurez-vous : jusqu'à 7 ans, une écriture en miroir ponctuelle est tout à fait normale.

À retenir !

- La dysorthographie n'apparaît pas subitement, dès le début de l'école primaire. Bien au contraire, les premiers signes sont déjà repérables en maternelle.
- Les signes d'alerte les plus fréquents sont :
  - un faible niveau de vocabulaire ;
  - des difficultés à maîtriser et manipuler les sons de la langue ;
  - une mauvaise connaissance des lettres ;
  - des faiblesses en discrimination visuelle et en mémorisation ;
  - une écriture peu spontanée et peu diversifiée.
- Au moindre doute, il est conseillé au parent de s'adresser à un professionnel du langage.

FICHE

5 La dysorthographie au quotidien

Essayons à présent de comprendre concrètement quels sont les problèmes rencontrés au quotidien par les personnes dysorthographiques.

› Une orthographe en difficulté perpétuelle

L'enfant dysorthographique semble être en conflit permanent avec l'écrit. Son orthographe se développe plus lentement et est caractérisée par un grand nombre d'erreurs qui résistent malgré les explications répétées. Ces erreurs se produisent dans toutes les situations d'écriture, que ce soit en copie, en dictée, ou en production spontanée.

Alors que les autres élèves ont tendance à faire des fautes qui simplifient les mots (Ex.: «Le bato rentre au por»), l'enfant dysorthographique a tendance à les complexifier (Ex.: «Leu batto rentre au paure.»). Ces fautes ne sont pas dues à un manque de compréhension passager, mais bien à un réel dysfonctionnement de ses compétences orthographiques.

› Des apprentissages de base toujours pas automatisés

Les difficultés repérées en maternelle perdurent souvent lorsque les jeunes grandissent. À l'école primaire, la plupart des élèves dysorthographiques montrent toujours un plus faible niveau de vocabulaire, des difficultés à maîtriser les sons de leur langue et une connaissance des lettres encore fragile. Des faiblesses en mémoire et en discrimination visuelle sont également souvent constatées.

À ces difficultés s'ajoutent de faibles compétences en orientation spatiale et temporelle. **Les enfants dysorthographiques se repèrent moins bien dans l'espace que les autres**. Ils confondent droite et gauche pendant longtemps, se trompent de rang dans la cour, se perdent dans les couloirs de l'école, ne sont pas à l'aise en géométrie, ne lisent pas bien les plans, etc. **Ils sont également souvent nombreux à avoir une moins bonne conscience du temps**. Ils confondent des termes comme *hier* et *demain*, *avant* et *après*; ils se perdent dans leur calendrier, etc.

› À la maison

Très rapidement au cours de la scolarité, les parents du jeune dysorthographique s'aperçoivent que ses notes sont remplies d'erreurs. Lorsqu'ils étudient avec lui, ils remarquent surtout une difficulté importante à retenir la façon dont les mots s'écrivent. En effet, malgré beaucoup de bonne volonté et d'efforts, l'enfant oublie les mots appris au bout de quelques jours voire quelques heures.

Deux symptômes typiques de la dysorthographie mettent les nerfs des parents à rude épreuve:

- la tendance à la persévération (l'enfant réécrit toujours la même erreur, même si elle a déjà été corrigée et expliquée plusieurs fois);
- les traces orthographiques instables (l'enfant écrit un même mot de différentes manières: *vêtement* sera écrit *vaitemant*, *vètement*, *vêteman*, etc.).

Enfin, les parents observent souvent des problèmes d'organisation.

› À l'école

C'est à l'école que les difficultés orthographiques se voient le plus. Alors que l'orthographe lexicale et l'orthographe grammaticale devraient commencer à se développer, l'enfant dysorthographique garde une écriture phonétique; il écrit les mots strictement comme il les entend, un peu comme un texto: «Il a kacé le kréion.»

Parfois, son orthographe phonétique est elle-même ponctuée d'erreurs (oublis de lettres, confusions de sons, etc.). Ses notes sont donc difficiles à lire et souvent sanctionnées par de mauvais résultats.

Lorsqu'aucun diagnostic n'est posé, certains enseignants peuvent croire que l'enfant est de mauvaise volonté. *S'il écrit mal, c'est qu'il ne s'applique pas assez ou qu'il n'étudie pas bien.* Heureusement, un diagnostic permet souvent d'instaurer une meilleure compréhension des difficultés de l'élève. Les aménagements scolaires mis en place l'aideront alors à poursuivre une scolarité plus harmonieuse (voir la fiche 49).

› Une plus grande fatigabilité

Que ce soit à l'école ou à la maison, écrire est une tâche qui demande beaucoup d'efforts et d'énergie à l'enfant dysorthographique. Comme son répertoire orthographique se construit lentement, chaque mot qu'il doit écrire – même les plus courts et les plus simples – exige une profonde réflexion.

Voilà pourquoi il est souvent plus lent à achever ce qu'il a à faire: ses devoirs prennent des heures, ses interrogations ne sont pas terminées à temps. Outre cette lenteur, l'enfant dysorthographique produit tellement d'efforts qu'il est plus vite fatigué dès qu'il doit travailler par écrit, augmentant encore le nombre d'erreurs commises.

› Des difficultés psychologiques

À partir de l'école primaire, l'écrit devient omniprésent. L'enfant dysorthographique se sent donc presque toujours en difficulté. Tous les jeunes dysorthographiques ne réagissent pas de la même manière à cette situation. Toutefois, on observe généralement les réactions suivantes:

- **ces enfants risquent de se décourager**, car ils doivent travailler énormément pour de faibles résultats;
- **ils ont tendance à éviter toutes les activités qui font appel à l'écrit**. Ainsi, on observe des comportements qui varient entre le refus total d'écrire, le report à plus tard, «l'oubli» volontaire des devoirs et leçons, etc.;
- **certains enfants développent une honte de ne pas écrire comme leurs camarades**. À l'école, ils ont peur de devoir écrire au tableau ou de montrer leurs feuilles pleines d'erreurs aux autres;
- **les enfants dysorthographiques peuvent perdre la volonté de travailler**. Les mauvaises notes, le sentiment de décevoir ses parents... sont autant de situations qui contribuent au regard négatif que certains de ces jeunes portent sur eux-mêmes. Chaque fois qu'ils se trouvent confrontés à l'échec, ils se démotivent encore plus, font de moins en moins d'efforts et finissent parfois par abandonner;
- dans d'autres cas, le manque d'estime de soi et **les difficultés permanentes conduisent l'enfant à mal se comporter**. Il

n'écoute plus en classe, devient provocateur. Son comportement problématique est alors l'appel à l'aide d'un jeune qui ne sait pas comment exprimer autrement son découragement.

À retenir !

- *Les enfants dysorthographiques semblent être en combat permanent avec l'orthographe.*
- *L'écrit étant partout, ils rencontrent de très nombreuses difficultés.*
- *Si les résultats obtenus restent mauvais malgré leurs efforts, différents problèmes psychologiques risquent de se développer.*

FICHE 6

Les erreurs typiques de la dysorthographie

› Les erreurs dues à la mauvaise compréhension des sons de la langue

Les erreurs phonologiques concernent la manière d'orthographier les sons de la langue. Pour dire les choses simplement, l'enfant se trompe lorsqu'il essaye de traduire en lettres les sons qu'il veut écrire.

Fréquentes en cas de dysorthographie phonologique (voir la fiche 3), ces erreurs sont très handicapantes, car elles changent la structure même des mots. Ceux-ci ne peuvent pas être lus à voix haute pour être compris, à cause des trop nombreuses confusions de sons qui perturbent leur lecture lettre à lettre.

Malgré les prises en charge, cette faiblesse s'atténue mais reste généralement présente chez l'enfant dysorthographique: les erreurs phonologiques ont tendance à réapparaître dès qu'il est fatigué ou moins attentif.

On distingue plusieurs sortes d'erreurs phonologiques:

La mauvaise écriture des digrammes et des trigrammes

On parle de digrammes lorsqu'un son s'écrit à l'aide de deux lettres différentes. C'est le cas, par exemple, du «ch», du «an», du «ou», etc. Les trigrammes représentent les sons qui s'écrivent à l'aide de trois lettres, comme le «eau», le «ain», le «oin», etc. L'enfant dysorthographique met plus de temps que ses camarades à mémoriser le lien entre ces suites de lettres et le son auquel elles correspondent.

Dans cet exemple, l'enfant devait écrire «leur», «un peu peur» et «vieux». On remarque que le digramme «eu» n'est jamais présent dans les mots écrits.

Les confusions auditives

Les confusions auditives sont dues à la mauvaise analyse des sons de la langue. Elles concernent les consonnes qui émettent presque le même son lorsqu'elles sont prononcées. Ainsi, p/b; k/g; f/v; ch/j; s/z; d/t sont les consonnes les plus souvent confondues.

La légère différence entre ces couples de consonnes est peu ou pas perçue par les jeunes dysorthographiques qui confondent donc ces sons et se trompent en les écrivant.

Lettres confondues	Ce que l'enfant devait écrire	Ce qu'a écrit l'enfant
«c» et «g»	Couleur	
«b» et «p»	Obscure	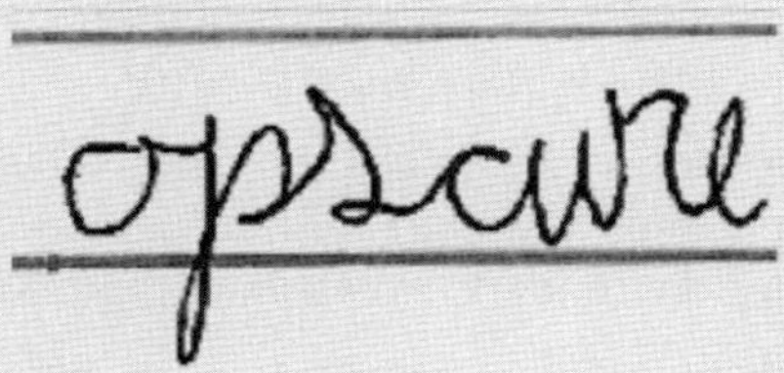
«j» et «ch»	Des jumelles	
«g» et «q»; «d» et «t»	Guider	

Les confusions visuelles

Lorsqu'on parle de dysorthographie, c'est souvent aux confusions visuelles que l'on pense. En effet, ces confusions sont fréquentes et faciles à repérer. Elles concernent les lettres dont l'apparence visuelle est proche, comme: m/n; b/d; p/q; f/t; ou/on; i/l; etc. Les faibles compétences spatiales et visuelles de l'enfant dysorthographique ne lui permettent pas de se diriger correctement lorsqu'il trace ces lettres. Il ne sait plus dans quel sens les orienter et choisit souvent leur direction au hasard.

Lettres confondues	Ce que l'enfant devait écrire	Ce qu'a écrit l'enfant
«b» et «d». Cette confusion est fréquente en cas de dysorthographie.	Tabac	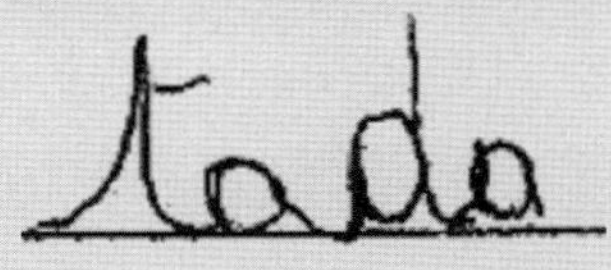
Nouvel exemple de confusion entre le «b» et le «d». Dans ce cas, on remarque que l'enfant a hésité quant au sens d'orientation de la première lettre.	Une dame	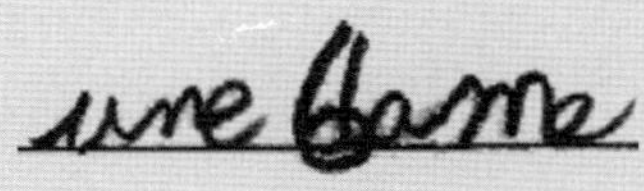

Les oublis de lettres ou de syllabes

Ces oublis concernent surtout les groupes de consonnes. Comme l'enfant dysorthographique a tendance à mal analyser les sons, il oublie d'en écrire certains. De plus, son analyse visuelle n'étant pas précise, il ne repère pas les lettres ou les syllabes manquantes.

Lettres oubliées	Ce que l'enfant devait écrire	Ce qu'a écrit l'enfant
Coincé entre une voyelle et une autre consonne, l'enfant n'a pas bien identifié le «r» et a donc oublié de l'écrire.	Un torticolis	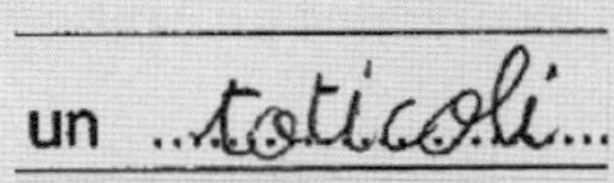
Indépendamment des autres erreurs, on remarque l'oubli du «r» au sein de la deuxième syllabe du mot «comprimé».	Des comprimés	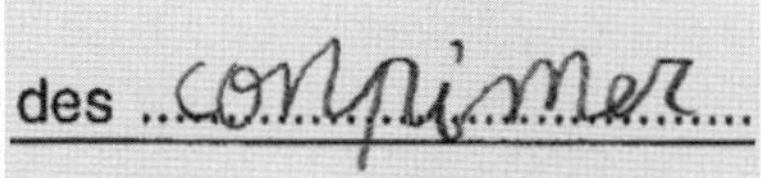

Les inversions de lettres ou de syllabes

Les inversions de lettres ou de syllabes sont également fréquentes en cas de dysorthographie. L'enfant ne possède pas d'image mentale précise du mot qu'il doit écrire. Il procède alors comme il peut, de manière plutôt désordonnée. Ses difficultés à manier les sons d'une part et ses faibles compétences visuelles d'autre part ne lui permettent pas de repérer les lettres ou les syllabes qu'il a inversées.

Lettres inversées	Ce que l'enfant devait écrire	Ce qu'a écrit l'enfant
Les consonnes «r» et «t».	artiste	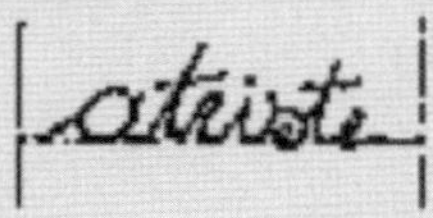
Les consonnes «p» et «l».	parapluie	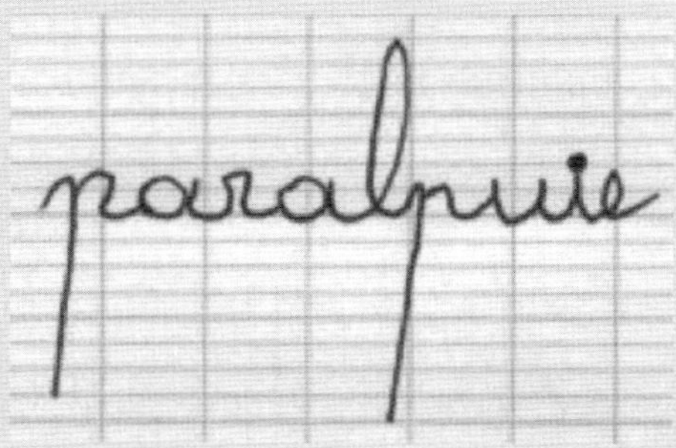

› Les erreurs en orthographe lexicale[1]

La mauvaise application des règles d'écriture des mots

L'enfant dysorthographique comprend mal les règles de l'orthographe lexicale. Typiquement, il a besoin de temps avant de comprendre quand il faut mettre «s» ou «ss», ou comment écrire le «c» dans *carotte*, *cerise* ou *garçon*.

1. L'orthographe lexicale correspond à la manière d'écrire les mots de la langue en dehors de tout accord grammatical.

Ce que l'enfant devait écrire	Règle non appliquée	Ce qu'a écrit l'enfant
guirlande	L'enfant n'applique pas la règle du «gu» devant le «i».	
jardin	L'enfant n'a pas compris que le «g» suivi d'un «a» ne peut pas produire le son «ja» qu'il voudrait écrire.	
chapeau	L'enfant ne semble pas avoir conscience que lorsqu'il est à la fin d'un mot, le son «o» s'écrit «eau».	

Un lexique orthographique sous-développé

La dysorthographie (et plus particulièrement la dysorthographie de surface) empêche l'enfant de développer correctement son lexique orthographique. Il mémorise avec difficulté l'orthographe des mots qu'il rencontre.

Ce que l'enfant devait écrire	Erreur d'orthographe	Ce qu'a écrit l'enfant
haricot	L'enfant a écrit le mot de manière totalement phonétique, en n'indiquant aucune connaissance des lettres muettes comme le «h» et le «t».	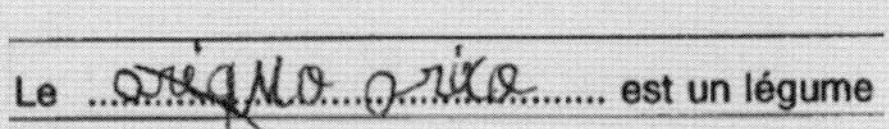

femme	À nouveau, l'enfant écrit de manière phonétique. Il n'a pas de représentation mentale de l'orthographe de ce mot irrégulier.	
qualité	L'enfant n'a pas de souvenir du « qu ». Il a écrit le « é » final comme la terminaison des verbes à l'infinitif.	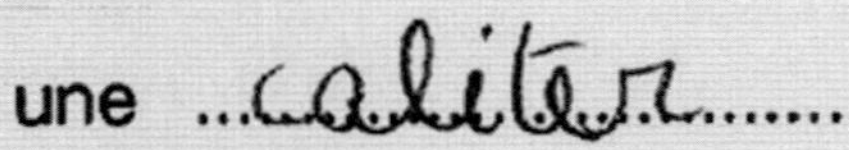
un train arrive très vite	Cet exemple montre clairement que la forme des mots « train », « arrive » et « très » (qui sont pourtant relativement fréquents) n'a pas été correctement mémorisée par l'enfant.	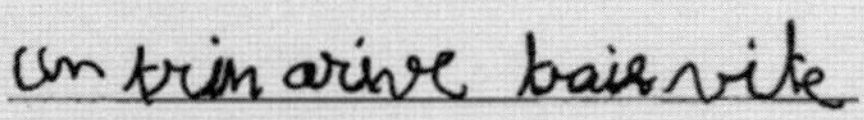

› Les erreurs grammaticales

L'orthographe grammaticale correspond à l'ensemble des règles qui expliquent comment accorder les mots au sein des phrases. Il s'agit, par exemple, de l'accord du nom, de l'adjectif ou du verbe. L'orthographe grammaticale se développe difficilement chez l'enfant dysorthographique. D'abord, parce qu'il souffre généralement d'autres lacunes qui ne lui permettent pas de concentrer toute son attention sur les accords grammaticaux. Ensuite, parce que la grammaire reste quelque chose d'abstrait pour les élèves dysorthographiques. Ils étudient les règles par cœur, sans pour autant comprendre ce qu'elles signifient, ni comment les appliquer correctement.

Ce que l'enfant devait écrire	Ce que l'enfant n'a pas compris	Ce qu'a écrit l'enfant
elle n'est pas	Cet exemple illustre la difficulté à savoir comment écrire et comment accorder le verbe au sein d'une phrase. Au vu de la manière dont il est orthographié, il est fort probable que l'enfant n'avait pas compris qu'il s'agissait d'un verbe.	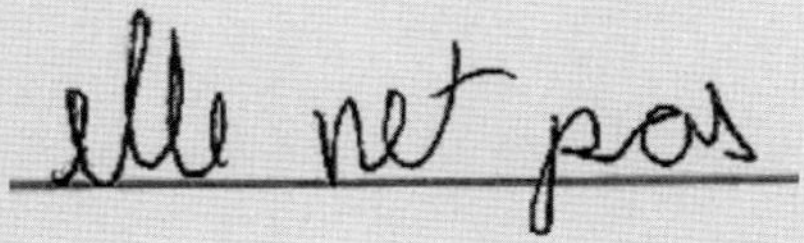
ses yeux verts	Le déterminant «ses» est écrit comme un verbe. «yeux» est correctement écrit et accordé, tandis que «vert» devrait être mis au pluriel, mais est écrit au singulier.	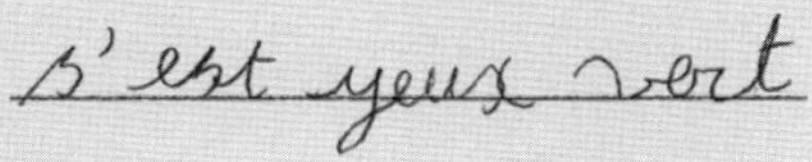

› La mauvaise segmentation des mots

La mauvaise segmentation des mots est fréquente et fortement handicapante. Elle fait partie des erreurs qui sautent aux yeux des personnes non dyslexiques-dysorthographiques et qui nuisent à la lecture de ce qui est écrit. On recense deux types d'erreurs de segmentation:

- trop de segmentation: l'enfant découpe les mots de manière inutile;
- trop peu de segmentation: l'enfant écrit les mots en les attachant les uns aux autres.

Ce que l'enfant devait écrire	Difficulté	Ce qu'a écrit l'enfant
je prends ma douche	Cet exemple illustre un manque de segmentation puisque les 3 mots sont écrits en un seul.	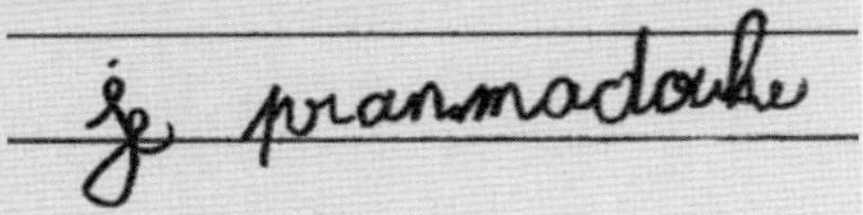
lapin	Cet exemple montre un découpage non nécessaire entre les deux syllabes du mot « lapin ». On remarque clairement que l'enfant ne comprend pas ce qu'il écrit, puisque « la pin » ne veut rien dire.	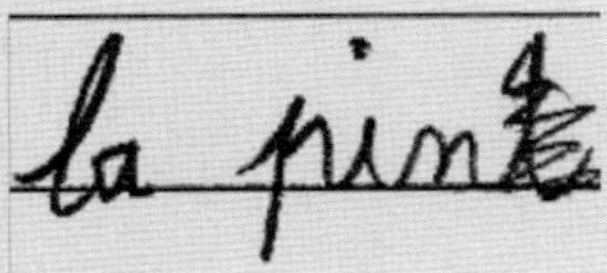

À retenir !

- *Tous les enfants dysorthographiques n'écrivent pas de la même manière. Toutefois, la dysorthographie provoque une série d'erreurs caractéristiques souvent observées dans les productions écrites de ces élèves.*
- *Parmi celles-ci, citons les erreurs liées à la mauvaise connaissance des sons de la langue (inversions, oublis de lettres, etc.), les erreurs lexicales, les erreurs grammaticales et les erreurs de segmentation.*

FICHE

7 Les troubles associés

La dysorthographie est rarement isolée. Dans plus de la moitié des cas, elle est accompagnée d'autres troubles. Mais pourquoi ces troubles ont-ils tendance à s'associer entre eux? Tout simplement parce qu'ils ont une origine neurologique commune. La dysorthographie, la dyslexie, la dyscalculie et les autres troubles des apprentissages sont tous dus à un développement anormal du cerveau.

› Dysorthographie et dyslexie

Dysorthographie et dyslexie apparaissent ensemble dans plus de 90 % des cas. C'est souvent parce qu'ils ont des problèmes en lecture que les enfants dyslexiques ne mémorisent pas l'orthographe des mots et qu'ils ne réussissent pas à les écrire sans faute. Ils développent donc une dysorthographie qui est la conséquence directe de leur faible niveau en lecture.

La dysorthographie et la dyslexie sont tellement souvent associées, qu'on a tendance à croire que ces deux troubles vont automatiquement de pair. Cependant, même si la situation est plutôt rare, il est possible d'avoir un trouble de l'orthographe sans pour autant souffrir d'un trouble de la lecture. C'est surtout le cas lorsqu'une personne a totalement compensé ses difficultés initiales en lecture et qu'elle conserve encore des difficultés en orthographe. En effet, au contraire de la dyslexie, la dysorthographie reste longtemps handicapante puisque l'orthographe est un domaine plus complexe à maîtriser.

Enfin, un très petit nombre de personnes dysorthographiques n'ont jamais eu de difficultés en lecture.

› Dysorthographie et dyscalculie

La dyscalculie gêne l'apprentissage normal du calcul, de la numération et du raisonnement logique. Il s'agit du second trouble le plus fréquemment associé à la dysorthographie.

Les enfants dyscalculiques montrent souvent un plus faible niveau d'orthographe. 50 % d'entre eux seraient également dysorthographiques. À l'inverse, entre 20 et 40 % des enfants dysorthographiques souffriraient aussi de dyscalculie. Dans les deux cas, les problèmes d'attention visuelle et de mémoire de travail seraient à l'origine de ces troubles.

› Dysorthographie et troubles du langage oral

Les troubles du langage oral concernent les personnes qui ne développent pas correctement le langage parlé. Ces troubles sont plus ou moins graves, allant de l'enfant qui parle plus tardivement, à celui qui déforme les mots, en passant par celui qui est inintelligible ou qui ne comprend pas sa langue maternelle.

La plupart du temps, ces enfants ont des problèmes pour repérer et prononcer les sons, pour formuler des phrases correctes, ou pour mémoriser et utiliser le vocabulaire adéquat. Or, il s'agit des prérequis indispensables au développement de l'orthographe. Il n'est donc pas étonnant qu'un enfant qui a des difficultés langagières avant l'école primaire ait jusqu'à 60 % de risque de développer une dysorthographie par la suite.

En effet, si les troubles du langage oral et la dysorthographie sont si souvent associés, c'est qu'il est important de savoir bien parler si l'on veut pouvoir bien écrire. Comme ces enfants ne perçoivent pas bien les sons oraux, ils ne parviennent pas à les retranscrire à l'écrit. C'est donc principalement l'écriture lettre à lettre qui est touchée. Mais si aucune aide n'est apportée, l'orthographe lexicale et l'orthographe grammaticale deviennent, elles aussi, problématiques. Les enfants qui ont un trouble du langage oral utilisent du vocabulaire moins perfectionné et commettent plus d'erreurs orthographiques. Même leur utilisation de la ponctuation est moins bonne. Par ailleurs, sans suivi adapté, un problème de langage oral durant l'enfance peut influencer l'orthographe jusqu'à l'âge adulte.

› Dysorthographie et dysgraphie

Environ 20 % des personnes dysorthographiques souffriraient aussi de dysgraphie. La dysgraphie est un trouble moteur qui complique les gestes liés à l'écriture. L'enfant dysgraphique ne parvient pas à tracer correctement les lettres ou à écrire sur les lignes dans une taille adéquate et régulière.

Chez l'enfant dysorthographique, la dysgraphie est bien souvent une conséquence du trouble de l'orthographe. Lorsqu'il écrit, cet enfant hésite sans arrêt, se trompe, rature, puis se trompe à nouveau… Tous ces allers-retours contrarient son écriture qui n'est pas fluide. N'ayant pas automatisé l'orthographe des mots, il doit réfléchir à la manière d'écrire chaque terme. Cela lui coûte beaucoup d'énergie et l'empêche de se concentrer sur son graphisme. Enfin, comme l'enfant ne visualise pas bien la forme des mots, son cerveau ne parvient pas à commander les gestes adéquats. Plus les termes à écrire seront compliqués, plus la dysgraphie sera sévère.

› Dysorthographie et dyspraxie visuo-spatiale

Moins connue que les autres troubles «dys», la dyspraxie affecte la coordination des gestes. Au quotidien, l'enfant qui en est atteint est maladroit, lent et souvent désorganisé. S'habiller, faire ses lacets, remplir le lave-vaisselle, conduire un vélo… tous ces gestes qui semblent simples lui posent d'importantes difficultés. On estime que plus de la moitié des personnes dyspraxiques seraient aussi dysorthographiques.

Parmi les différents types de dyspraxies, c'est la dyspraxie visuo-spatiale qui a le plus d'impact sur le développement de l'orthographe. Cette dyspraxie provoque entre autres une mauvaise fixation des yeux sur la feuille et un mauvais repérage dans l'espace. Les enfants qui en souffrent organisent mal leur lecture. Ils se perdent parmi les informations écrites, ce qui ne leur permet pas de mémoriser l'orthographe des mots lus.

› Dysorthographie et troubles du comportement et émotionnels

Les troubles du comportement et les troubles émotionnels font référence à une catégorie très large de comportements problématiques, pour soi ou pour les autres. Même s'ils ne font techniquement pas partie des troubles des apprentissages, ils y sont cependant intimement liés. Dans certains cas, les troubles du comportement et les troubles émotionnels sont secondaires aux difficultés d'apprentissage. Ainsi, un enfant dysorthographique qui travaille énormément mais échoue à l'école, qui se dévalorise constamment et ne parvient pas à s'intégrer, a évidemment plus de risques de développer des difficultés comportementales (agressivité, rejet des autres, délinquance, etc.) ou émotionnelles (dépression, anxiété, etc.). Dans une autre partie des cas, les troubles comportementaux, émotionnels et la dysorthographie coexistent de manière tout à fait distincte. C'est le cas du trouble déficitaire de l'attention avec ou sans hyperactivité (plus fréquemment appelé TDA/H) qui est présent chez 15 à 40 % des personnes dysorthographiques.

À retenir !

- *Les troubles « dys » ont tendance à s'associer entre eux car ils ont une même origine. Ils peuvent aussi être la conséquence l'un de l'autre.*
- *Plus de la moitié des personnes dysorthographiques souffre également d'autres troubles associés. Le duo « dyslexie-dysorthographie » est de loin le plus fréquent et le plus connu. Mais si la dysorthographie accompagne toujours la dyslexie, l'inverse n'est pas vrai. Bien que cette situation soit plus rare, il est possible de souffrir d'une dysorthographie sans avoir de trouble de la lecture associé.*

FICHE

8 Pourquoi demander un diagnostic ?

› L'importance du diagnostic

Même si le diagnostic de dysorthographie peut être un choc pour ceux qui n'y sont pas préparés, il constitue le plus souvent un soulagement. Soulagement pour l'enfant, tout d'abord, qui découvre pourquoi l'orthographe lui pose autant de soucis. Il comprend qu'il est tout aussi intelligent que les autres et que ses difficultés sont dues à autre chose. Maintenant que ses problèmes sont reconnus, il va pouvoir être aidé. En effet, sans diagnostic, aucune aide ni adaptation scolaire ne peut être proposée.

Soulagement aussi pour les parents, qui se voient confirmer que leur enfant n'est ni fainéant, ni de mauvaise volonté comme ils ont pu l'entendre auparavant. Au contraire ! Un trouble de l'orthographe l'oblige à fournir bien plus d'efforts qu'un enfant qui n'aurait pas ce type de difficulté.

› Le début d'un nouveau parcours

Un diagnostic n'est pas une fin en soi, c'est plutôt le début d'un nouveau parcours. Le diagnostic de dysorthographie implique que de nouvelles démarches peuvent être réalisées. Les parents vont dès lors devoir prendre de nombreuses décisions. Quel type de prise en charge choisir ? Faut-il s'inscrire ou non auprès d'une association de parents d'enfants « dys » ? Faut-il contacter l'école ? Est-il bon d'expliquer ce nouveau diagnostic à toute la famille ? Même si ces questions sont bouleversantes, elles ont le mérite de faire progresser une situation qui, avant le diagnostic, n'évoluait plus.

› Quand demander un diagnostic ?

Généralement, la dysorthographie n'est formellement diagnostiquée qu'après un an et demi d'apprentissage de l'écriture. Avant, il est difficile de faire la différence entre les enfants qui apprennent plus lentement et ceux qui souffrent de réelles difficultés à développer l'orthographe.

Par contre, il n'est pas toujours utile d'attendre ce délai pour consulter. Si votre enfant montre des signes précurseurs de dysorthographie (voir la fiche 4) ou s'il rencontre les difficultés expliquées dans la fiche 5, il vaut mieux prendre rendez-vous chez un professionnel. En effet, il existe plusieurs tests prédictifs permettant de déterminer s'il a intégré les prérequis nécessaires à un apprentissage correct de la lecture et de l'écriture. Ces tests évaluent, par exemple, le repérage dans l'espace, la capacité à distinguer des signes qui se ressemblent, les compétences langagières, la mémoire, etc. Si le risque de dysorthographie est confirmé, une prise en charge précoce peut alors être organisée. Elle aidera votre enfant à consolider les apprentissages de base, et donc à passer au-dessus des premières difficultés.

À retenir !

- *Partir à la recherche d'un diagnostic n'est pas une démarche simple. Pourtant, elle est essentielle puisqu'elle permet aux parents d'enfin savoir de quoi souffre leur enfant.*
- *Un diagnostic formel de dysorthographie est rarement posé avant 1 an et demi d'apprentissage de l'orthographe. Toutefois, il ne faut pas attendre ce délai pour consulter. Dès qu'un parent suspecte la présence d'une dysorthographie chez son enfant, il est important qu'il s'adresse à un spécialiste.*
- *Loin d'être une simple étiquette, un diagnostic est un temps d'arrêt qui permet de réaliser un état de lieux des compétences de l'enfant. C'est une sorte de photographie de ce que le jeune sait faire ou non, à un moment donné. Il permet d'envisager le meilleur traitement, d'évaluer les adaptations nécessaires, ou encore d'estimer l'évolution future du trouble.*

FICHE

9 À qui s'adresser ?

En cas de suspicion de dysorthographie, c'est l'orthophoniste qui est le professionnel de référence.

Si vous vous adressez directement à une équipe multidisciplinaire (comme c'est le cas dans les hôpitaux), différents professionnels se succéderont auprès de votre enfant. Chacun l'évaluera selon les critères spécifiques à sa discipline et réalisera ses propres observations. Si vous décidez de vous adresser à un orthophoniste indépendant, il est possible qu'il vous envoie alors faire des examens complémentaires chez d'autres professionnels. Ceux-ci seront réalisés après le bilan orthophonique, ou dans certains cas, en parallèle. Ces différentes évaluations permettent de s'assurer que les difficultés observées sont bien causées par une dysorthographie et non par un trouble qui aurait une autre origine (une surdité, une déficience intellectuelle, etc.).

› Quels examens complémentaires peuvent être nécessaires ?

Les examens médicaux: Des rendez-vous chez un ophtalmologiste et chez un otorhinolaryngologiste (ORL) permettent de s'assurer que les difficultés observées ne sont pas dues à des problèmes de vision ou d'audition.

Les examens psychologiques: L'évaluation psychologique vérifie qu'aucun trouble psychique n'est à l'origine des difficultés scolaires. Elle permet aussi d'évaluer à quel point les difficultés observées retentissent sur le bien-être de l'enfant et la vie de sa famille.

Les examens neuropsychologiques: Réalisés par des neuropsychologues, ces examens permettent de mesurer le niveau intellectuel de l'enfant et déterminent ses compétences en attention, en planification, en organisation, en raisonnement ou en abstraction.

Les examens psychomoteurs: Les psychomotriciens peuvent aider à établir un diagnostic en évaluant différents paramètres psychomoteurs comme le développement de l'enfant, la qualité de ses mouvements, la coordination de ses gestes ou sa façon d'écrire.

Les examens orthoptiques: Moins connu, l'examen orthoptique vise à mettre en évidence différents problèmes des mouvements oculaires. L'orthoptiste analyse le comportement des yeux pendant la lecture. Il détermine par exemple si leurs mouvements sont corrects et sur quelle partie de la phrase se porte la vision.

Les examens graphomoteurs: L'examen graphomoteur évalue l'écriture de l'enfant, tant sa qualité (sa précision, sa lisibilité) que sa rapidité. L'objectif est de déterminer si le jeune souffre également d'un trouble de l'écriture (appelé dysgraphie) qui viendrait encore compliquer le trouble de l'orthographe. Au cours de cet examen, le professionnel vérifie différents paramètres comme le maniement du crayon, l'orientation des traits sur la feuille, le contrôle des gestes, ou la posture générale du corps lorsque l'enfant écrit.

À retenir !

- *Ce n'est pas parce qu'un enfant ne parvient pas à écrire sans fautes qu'il est automatiquement dysorthographique.*
- *Dès qu'un parent suspecte la présence de ce trouble chez son enfant, il est important qu'il consulte un spécialiste.*
- *Généralement, c'est l'orthophoniste qui est la personne de référence. Toutefois, celui-ci devra bien souvent demander des examens complémentaires, afin de vérifier ses hypothèses.*

FICHE

10 Le bilan orthophonique

En Belgique comme en France, le bilan orthophonique ne peut pas être réalisé sans prescription médicale. **Les parents doivent donc d'abord obtenir un rendez-vous chez leur médecin** avant de consulter l'orthophoniste.

› Comment se déroule le bilan orthophonique ?

L'entretien

Le bilan débute généralement par un entretien lors duquel l'orthophoniste collecte des informations à propos des difficultés décrites par les parents ou l'instituteur. Pour cela, il se renseigne sur le développement de l'enfant, sur ses antécédents médicaux, langagiers, moteurs, etc. Bien souvent, les questions remontent jusqu'à la période fœtale afin de s'assurer de l'absence de maladies ou d'accidents qui pourraient avoir eu des conséquences sur le développement du bébé.

Les tests

Une fois l'entretien terminé, l'orthophoniste fait passer une série de tests à l'enfant. Ces tests évaluent les compétences nécessaires à un apprentissage correct de l'écriture (ce qu'on appelle les prérequis). Ils évaluent aussi différents paramètres comme la traduction des sons en lettres, l'écriture de mots fréquents, moins fréquents, irréguliers, ou l'écriture de phrases.

L'orthophoniste compare les résultats de l'enfant à ceux d'autres enfants de son âge ou de son niveau scolaire. Il analyse également les erreurs réalisées, afin de mieux comprendre le mode de fonctionnement du jeune.

Les conclusions

L'orthophoniste remet les conclusions aux parents et envoie un compte-rendu au médecin prescripteur. Si cela s'avère nécessaire, il explique de quel type de suivi l'enfant a besoin, et quelles sont les démarches à entreprendre.

› À quoi sert un bilan orthophonique ?

Vérifier qu'il s'agit bien d'un trouble de l'orthographe

Le bilan orthophonique vérifie si les difficultés de l'enfant sont bien provoquées par une dysorthographie. L'orthographe du français étant compliquée, le bilan s'assure qu'il ne s'agit pas d'un rythme d'apprentissage plus lent ou d'un retard scolaire «classique», mais bien d'un réel dysfonctionnement de l'orthographe.

Identifier les forces et les faiblesses de l'enfant

Il est important de déterminer avec précision quelles sont les faiblesses de l'enfant, de manière à pouvoir les entraîner. Le bilan orthophonique doit également repérer les compétences correctement développées, afin de pouvoir les renforcer. Elles deviendront la béquille que l'orthophoniste utilisera pour l'aider à progresser. Par exemple, un enfant peut avoir une mauvaise mémoire, mais une excellente logique qui l'aidera à réfléchir à la meilleure manière d'écrire les mots. S'il apprend à utiliser cette force, il parviendra à surmonter une partie de ses difficultés.

Informer objectivement les différents intervenants

Le bilan orthophonique est détaillé au sein d'un rapport dont le médecin prescripteur et les parents reçoivent une copie. Ce bilan doit mentionner explicitement les tests qui ont été utilisés, les résultats obtenus par l'enfant et les conclusions.

Orienter les prises en charge et les adaptations scolaires

Le bilan orthophonique indique les prises en charge conseillées en fonction des résultats obtenus par l'enfant. En outre, un bilan attestant la présence d'une dysorthographie est une étape indispensable pour bénéficier d'aménagements scolaires. C'est aussi une condition pour obtenir un remboursement des soins à venir par la Sécurité sociale.

Émettre des hypothèses quant au futur

Il est plus facile d'émettre des avis sur le développement futur de l'enfant une fois qu'on sait exactement de quoi il souffre. Le bilan permet donc d'envisager les différentes possibilités d'évolution du trouble (voir la fiche 12). Toutefois, il ne s'agit que d'hypothèses et personne ne peut affirmer avec certitude jusqu'à quel point un enfant peut évoluer lorsqu'il est bien encadré.

› Les bilans d'évolution

Au fil des ans, l'enfant dysorthographique sera encore plusieurs fois testé. Il s'agit de bilans d'évolution qui permettent de déterminer ses progrès et de vérifier si les prises en charge sont adaptées ou si elles doivent être revues. Lorsque d'autres difficultés viennent s'ajouter en cours de scolarité, il s'avère parfois nécessaire de réaliser des bilans supplémentaires.

À retenir !

- Le bilan orthophonique permet : de vérifier la présence d'une dysorthographie ; de donner plus d'informations sur ses caractéristiques ; d'en informer les personnes concernées ; d'orienter vers les prises en charge les mieux adaptées ; de procéder à des adaptations scolaires ; d'émettre un avis quant à l'évolution du trouble.
- Avant de pouvoir le réaliser, il est impératif de demander une prescription médicale.

FICHE

11 Les prises en charge

Une fois la dysorthographie diagnostiquée, la famille doit décider quelles prises en charge mettre en place. Pour cela, le bilan orthophonique est un précieux outil. Sa conclusion oriente les parents vers les traitements les plus adaptés, en fonction des compétences et des lacunes qui ont été mises en évidence.

Dans le cas d'une dysorthographie, la première prise en charge conseillée est la rééducation orthophonique. Toutefois, lorsque des difficultés sont associées ou lorsque la dysorthographie a de nombreuses conséquences sur la vie quotidienne, il est possible de compléter la rééducation orthophonique par d'autres prises en charge spécialisées.

› L'orthophonie

En cas de dysorthographie, l'orthophonie est le seul traitement officiellement reconnu et remboursé par la Sécurité sociale. Il s'agit d'un traitement de longue durée, qui s'étale souvent sur plusieurs années.

La rééducation est spécifique à chaque patient puisqu'elle se base sur les forces et les faiblesses repérées pendant le bilan. Il s'agit donc d'un travail spécialisé qui ne relève pas du domaine scolaire; l'orthophoniste n'est pas un professeur de français!

Par ailleurs, le suivi orthophonique demande une implication importante de la part de l'enfant et de sa famille. En effet, cette prise en charge n'est complètement efficace que si elle est menée en collaboration avec les personnes qui accompagnent l'enfant au quotidien. Enfin, notons que les rééducations peuvent avoir lieu en différents endroits: école, cabinet privé, centre multidisciplinaire, hôpital, etc.

Même si elle est fréquente, la dysorthographie n'est pas simple à rééduquer. L'orthophoniste doit agir sur plusieurs domaines à la fois, afin de:

- travailler les prérequis qui ne sont pas encore maîtrisés;
- développer la conscience des sons de la langue;
- améliorer l'attention visuelle;

- développer l'écriture lettre à lettre;
- développer le lexique orthographique;
- améliorer la compréhension de la grammaire;
- améliorer les autres difficultés associées (comme la lecture dans la majorité des cas).

En même temps, l'orthophoniste aide l'enfant dysorthographique à compenser les difficultés qui résistent au traitement, c'est-à-dire à les contourner grâce à l'utilisation d'outils et d'astuces pratiques.

› L'aide psychologique

La dysorthographie peut avoir des conséquences sur le bien-être psychologique de l'enfant (voir la fiche 7). S'il montre des signes d'anxiété, se rabaisse constamment, ou paraît continuellement triste, il ne faut pas avoir peur de consulter. Le psychologue est la personne qui lui permettra d'apprendre à accepter son trouble de l'orthographe.

Lorsque le psychologue est amené à travailler seul avec l'enfant, il lui apporte soutien et écoute, et l'aide à exprimer ce qu'il ressent face à ses difficultés. Certains psychologues aident aussi à développer l'estime de soi ou à améliorer le rapport aux autres et à l'école. Parfois, ils organisent des groupes de paroles où les jeunes dysorthographiques peuvent discuter de leur vécu et s'entraider.

Enfin, les psychologues peuvent aussi être amenés à travailler avec les parents ou la famille entière. Leur rôle est alors d'instaurer une communication plus efficace et sereine entre les différents membres de la famille.

› La psychomotricité

La psychomotricité est une discipline qui travaille sur la relation entre le corps et l'esprit. Il ne s'agit pas seulement d'améliorer les mouvements réalisés, mais bien d'aider l'enfant à comprendre son corps et ses gestes, et à mieux les utiliser au quotidien. Des séances de psychomotricité sont encouragées lorsque le jeune dysorthographique souffre également d'autres troubles associés comme une dyspraxie ou un retard psychomoteur. Dans ce cas, le psychomotricien l'aide à améliorer sa motricité (c'est-à-dire la précision de ses mouvements) tout en tenant compte de ses autres fragilités. Grâce à sa formation, il peut également aider l'enfant à se repérer dans l'espace et le temps ou à se relaxer.

› L'orthoptie

L'orthoptie vise à rééduquer la vision. Elle n'est dispensée que sur la base d'une prescription médicale. L'orthoptie ne permet pas de guérir la dysorthographie, mais bien d'améliorer les stratégies visuelles lors de la lecture et de l'écriture. La dysorthographie n'est pas due à un problème de vue, toutefois des difficultés visuelles peuvent être combinées à ce trouble, venant alourdir encore les difficultés rencontrées par l'enfant. Dans ce cas, une rééducation orthoptique est tout à fait indiquée. Elle permet, par exemple, de corriger les stratégies de balayage visuel et d'aider l'enfant à mieux fixer son attention visuelle sur les mots écrits, ce qui lui permettra de mieux mémoriser leur orthographe.

À retenir !

- *Pour venir à bout de la dysorthographie, il faut mettre en place une prise en charge adaptée à chaque patient, intensive et régulière. Celle-ci doit être organisée rapidement après le diagnostic, car une prise en charge précoce est souvent plus efficace qu'une prise en charge tardive.*
- *L'orthophonie est le seul traitement de la dysorthographie qui soit reconnu et remboursé. D'autres thérapies peuvent être proposées en complément en cas de difficultés associées ou pour aider à gérer des conséquences envahissantes de la dysorthographie.*

FICHE

12 Le pronostic

De nos jours, être dysorthographique n'est plus automatiquement synonyme d'échec. Cependant, il est difficile de prédire l'évolution de la dysorthographie. Son pronostic est très variable puisqu'il dépend de nombreux facteurs. Toutefois, une règle générale se profile : on ne guérit pas de ce trouble. Les difficultés qui en découlent persistent à l'âge adulte, mais elles sont mieux gérées, ce qui permet d'atteindre un niveau d'orthographe suffisant pour vivre et travailler normalement.

› Quels facteurs influencent l'évolution de la dysorthographie ?

Le degré de sévérité du trouble

Une dysorthographie légère s'améliore généralement plus facilement qu'une dysorthographie sévère qui affecte tous les domaines du langage écrit. Dans ce dernier cas, les symptômes dysorthographiques sont plus résistants à la prise en charge orthophonique.

La présence de troubles associés

Souvent, le pronostic est moins favorable lorsque d'autres troubles se combinent à la dysorthographie. Chacun d'entre eux vient ajouter les difficultés qui lui sont propres, ce qui complexifie fortement les prises en charge et les possibilités d'évolution positive.

L'accompagnement

L'accompagnement familial, orthophonique et scolaire de la personne dysorthographique est essentiel. Ainsi, le suivi régulier de prises en charge adaptées, un climat familial soutenant et des aménagements à l'école sont autant d'éléments favorisant une évolution positive du diagnostic de dysorthographie.

La personnalité

Tout le monde ne réagit pas de la même manière aux difficultés provoquées par la dysorthographie. Si les premiers temps sont toujours difficiles, certaines personnes parviennent à considérer ce trouble comme un défi. Elles trébuchent, plient parfois le dos face aux problèmes qui s'accumulent, mais finissent toujours par affronter les difficultés qui se présentent. D'autres, par contre, n'arrivent pas à dépasser leur désarroi. Elles se dévalorisent et finissent par laisser tomber. Il s'agit évidemment de positions extrêmes et toute une gamme de réactions intermédiaires est possible. Toutefois, ces exemples démontrent que la personnalité de l'enfant dysorthographique influence beaucoup son pronostic d'évolution.

› Quelles sont les difficultés qui persistent à l'âge adulte ?

À l'âge adulte, la personne dysorthographique garde une certaine faiblesse en orthographe. Ses écrits comportent plus d'erreurs que ceux des autres adultes et orthographier des mots continue à lui demander effort et réflexion. D'ailleurs, il suffit d'un peu de stress ou de fatigue pour que les fautes d'orthographe reviennent au galop.

Toutefois, on est bien loin des difficultés rencontrées lors des premières années d'apprentissage. Les signes de la dysorthographie restent présents, mais sous une forme plus légère[1]. Ainsi, il y a moins de confusions de sons et de nombreux mots fréquents sont écrits sans problème. En règle générale, l'adulte dysorthographique a pu développer une orthographe suffisante: ce qu'il écrit est à présent lisible. C'est d'autant plus vrai que les aides techniques à sa disposition sont variées et l'aident à compenser les difficultés restantes. Malgré cela, écrire reste bien souvent un domaine inconfortable, que l'adulte dysorthographique a tendance à éviter tant que possible.

1. À condition qu'une prise en charge adéquate du trouble ait été organisée pendant la scolarité.

› Facteur d'échec ou de réussite ?

La dysorthographie peut clairement être un facteur d'échec. Il est indéniable qu'elle complique l'apprentissage du langage écrit alors qu'il est essentiel dans la majorité des domaines quotidiens. De plus, l'orthographe est souvent utilisée comme un outil de sélection sociale et professionnelle. Toutefois, les personnes dysorthographiques qui sont bien entourées et qui parviennent à compenser efficacement leurs difficultés peuvent transformer leur trouble en un facteur de réussite. Tout au long de leur scolarité, elles ont appris à travailler, souvent très dur. Arrivées dans la vie professionnelle, elles sont davantage capables de faire des efforts dans la durée, de travailler avec assiduité. C'est d'ailleurs pour cette raison que certaines grandes entreprises cherchent spécifiquement à les recruter : des agences de marketing, les services de renseignement britanniques, la NASA, Microsoft, engagent volontiers les « dys » qui ont surmonté leurs difficultés scolaires. Ces employeurs savent que les personnes qui souffrent d'un trouble des apprentissages connaissent leurs points faibles (et la meilleure manière de les contourner), qu'elles réussissent mieux à se remettre en question, qu'elles travaillent avec endurance, et qu'elles ont eu le temps de développer leur créativité lorsqu'elles cherchaient à surmonter leurs problèmes.

À retenir !

- *Le pronostic de la dysorthographie est très variable puisqu'il dépend de nombreux facteurs comme : le degré de sévérité du trouble, la présence de troubles associés, l'encadrement mis en place, la personnalité de la personne qui en souffre.*
- *Généralement, la dysorthographie ne disparaît pas totalement : ses difficultés persistent à l'âge adulte. Toutefois, des conditions de vie favorables de même que différentes aides techniques permettent à la personne dysorthographique d'apprendre à gérer ses difficultés, ce qui lui permet d'atteindre un niveau d'orthographe tout à fait fonctionnel.*
- *Être bien au courant de ses forces et de ses faiblesses est essentiel pour pouvoir exploiter ses capacités et compenser ce qui reste problématique. De cette manière, rien ne devrait résister à la force de travail dont une personne dysorthographique est capable !*

FICHE

13 Le rôle des parents

En tant que parent, vous occupez une place essentielle dans la vie de votre enfant. Votre rôle est très important car vous êtes en mesure de l'aider à surmonter sa dysorthographie. Découvrons quelles sont les différentes manières d'y parvenir.

› Collaborer lors du diagnostic

N'oubliez jamais que vous êtes la personne qui connaît le mieux votre enfant. Sans vous, les professionnels ne disposent que d'informations incomplètes. Ils n'étaient pas là lorsque votre enfant a commencé à marcher et à parler. Vous, oui! Ils ne sont pas à la maison lors des devoirs et des leçons... vous, oui! Communiquez-leur vos observations. Expliquez-leur ce qui pose problème ou vous inquiète. N'ayez pas peur d'être trop complet, dites tout ce que vous pensez être utile. Les professionnels sélectionneront les informations nécessaires. Tout au long du diagnostic, restez disponible au cas où ils auraient besoin de renseignements complémentaires. Il y a différentes dysorthographies et différents niveaux de sévérité; vos observations seront certainement précieuses pour mieux comprendre le trouble de votre enfant.

› Accepter le diagnostic

Les résultats sont arrivés et votre enfant est dysorthographique. Ce n'est certainement pas simple à entendre ni à accepter. Pourtant, l'acceptation du diagnostic sera indispensable à sa prise en charge. Ne vous mettez pas d'œillères et n'agissez pas comme si vous ne saviez rien. Même si cela vous semble plus confortable maintenant, la réalité des difficultés de votre enfant vous reviendra tôt ou tard. Et pendant que vous êtes dans le déni, vous perdez un temps précieux. Évitez également de chercher un responsable à la situation. Ne vous torturez pas pendant des heures pour savoir si c'est votre faute et ce que vous auriez pu faire. La dysorthographie est d'origine génétique... **personne n'est coupable**. En vous culpabilisant, vous perdez beaucoup d'énergie.

Ce diagnostic représente un nouveau point de départ. Utilisez-le pour mettre en place les aides nécessaires: demandez des adaptations scolaires, adaptez vos exigences, documentez-vous, rencontrez d'autres parents dans la même situation... Apprenez aussi à accepter les faiblesses de votre enfant pour mieux le comprendre et l'aider. Et identifiez ses compétences afin de pouvoir les renforcer. Pour résumer: ne vous lamentez pas, agissez!

› Créer un réseau autour de votre enfant

Orthophoniste, pédiatre, instituteur, psychomotricien... de nombreuses personnes peuvent aider l'enfant dysorthographique. Ce n'est pas pour autant qu'elles se connaissent et collaborent lorsque c'est nécessaire. Constituez un réseau capable de vous aider, vous et votre enfant. Professionnels, amis, famille... encouragez les contacts qui peuvent s'avérer utiles. Par exemple, soyez l'intermédiaire entre l'école et l'orthophoniste ou entre le généraliste et le centre de diagnostic. Aidez la famille et les amis à comprendre votre enfant, et celui-ci à les contacter au besoin.

Il s'agit surtout de favoriser la circulation des informations utiles à la progression de votre enfant[1]. Pour cela, collaborez activement avec les différents intervenants et aidez-les à communiquer. Établissez une liste de personnes ressources auxquelles vous pouvez vous adresser en cas de besoin. Qu'elles soient des membres de votre famille ou des professionnels, notez les différentes manières de les contacter et demandez-leur si vous pouvez transmettre leurs coordonnées aux autres «membres» du réseau.

› (Essayer d') Être un modèle

Les parents sont le premier modèle de leur enfant. S'il les voit lire et écrire régulièrement, il sera plus enclin à prendre cette direction lui aussi. Il est difficile pour un parent d'imposer à son enfant de lire chaque jour si lui-même dit qu'il n'aime pas ça et ne le fait jamais. Il y a là un écart entre les paroles et les actes que les plus jeunes repèrent très vite. Or, les jeunes dysorthographiques ont plus de risques que les autres de ne pas considérer positivement la lecture, ce qui diminuera leurs

1. À condition, bien entendu, que vous en donniez l'autorisation. En effet, certains intervenants doivent respecter le secret professionnel et ne peuvent communiquer avec les autres qu'à condition d'avoir votre accord explicite.

chances de surmonter leur trouble puisque c'est en lisant qu'ils découvriront comment les mots s'écrivent. Pareillement, si un parent passe son temps à répéter haut et fort que l'orthographe du français est bien trop compliquée, son enfant risque de penser qu'écrire est une tâche insurmontable. Vous voulez que votre jeune aime lire et écrire? Montrez-lui que vous le faites régulièrement et que ça vous plaît!

› Veiller au bien-être de votre enfant

L'enfant dysorthographique éprouve des difficultés pour apprendre à écrire. Or, l'orthographe et plus généralement l'écriture sont à la base de toutes les activités scolaires. Qu'il s'agisse d'écrire un texte, de répondre à un contrôle, de prendre des notes, etc., votre enfant se sent en difficulté en permanence.

Il ne nous en faudrait pas autant à nous, adultes, pour que nous craquions. Et cela arrive parfois. Si beaucoup de dysorthographiques s'accommodent de leurs difficultés, d'autres ne parviennent pas à les gérer et en souffrent. Dans certains cas, les enfants peuvent faire une dépression ou développer des troubles du comportement (violence, anxiété, etc.).

Pour éviter cela, soyez vigilant. Repérez les signes qui indiquent un mal-être chez votre enfant. Apprenez à décoder ce qu'il ne dit pas. Sans toutefois céder à la panique, gardez un œil attentif sur son état affectif. Enfin, afin de prévenir les complications décrites plus haut, aidez votre enfant à renforcer son estime de lui. Mettez en évidence tout ce qu'il sait faire, valorisez-le. Offrez-lui les encouragements qu'il ne reçoit peut-être pas à l'école. Bien entendu, cela ne doit pas vous empêcher d'être juste et de sévir lorsque la situation le nécessite. Il ne faut pas tomber dans l'excès inverse et tout lui permettre sous prétexte qu'il souffre déjà assez. Ce ne serait pas l'aider non plus. Rappelez-vous que la dysorthographie et le malaise qu'elle provoque parfois ne constituent pas des excuses à un mauvais comportement.

› Gérer l'organisation pratique

L'emploi du temps d'une famille n'est pas toujours simple à organiser. Il l'est encore moins lorsqu'il faut y placer les sessions de rééducation nécessaires à l'enfant dysorthographique. Les parents doivent dès lors redoubler d'ingéniosité pour caser tous les rendez-vous au sein de journées qui ne comportent que 24 heures.

Comme le temps n'est pas flexible, vous devrez sans doute classer par priorité les activités indispensables à votre enfant. Parmi celles-ci, les séances de rééducation et les cours de soutien doivent être privilégiés. Si vous voulez que votre enfant progresse, fréquentez-les avec régularité et ne les annulez pas sous prétexte qu'il y a poney ou bowling en même temps.

En complément, réservez des moments où votre enfant peut souffler et pratiquer une occupation qu'il aime. Peut-être faudra-t-il faire un choix et diminuer leur nombre, au profit d'une seule dans laquelle il pourra s'investir pleinement. Ne vous en faites pas, il a encore bien des années pour essayer les autres activités sportives et culturelles. Au quotidien, veillez aussi à instaurer des routines afin qu'il acquière des habitudes de sommeil saines. Dysorthographique ou non, un enfant qui a un planning de ministre et qui va dormir à des heures improbables est moins susceptible de réussir à l'école.

Enfin, outre la gestion du calendrier, le parent est également la personne qui doit remplir les différents dossiers pour demander les aménagements et les aides auxquelles son enfant à droit. Même si c'est rarement une partie de plaisir, cela en vaut la peine.

À retenir !

- *Ne sous-estimez surtout pas votre rôle de parent. Vous êtes la personne la mieux placée pour prendre soin de votre enfant et adopter les dispositions nécessaires à sa progression.*
- *Il est essentiel que vous collaboriez lors du bilan diagnostique et que vous acceptiez ses conclusions.*
- *Vous seul pouvez faciliter la circulation des informations entre les intervenants qui évoluent autour de votre enfant.*
- *Vous êtes aussi son premier modèle, celui qui est capable de lui transmettre l'envie d'écrire.*

FICHE 14 Le rôle de l'enseignant

Si le rôle des parents est essentiel, celui des enseignants l'est tout autant. Parmi les professionnels qui se relayent auprès du jeune dysorthographique, ils sont ceux qui passent le plus de temps à ses côtés.

› Avant le diagnostic

Plus de la moitié des enfants qui passent un bilan sont envoyés par l'école. Et c'est normal ! L'école est l'endroit où les conséquences de la dysorthographie sont les plus visibles. Les enseignants sont donc aux premières loges pour repérer les élèves qui évoluent moins vite que les autres ou différemment. S'ils remarquent des difficultés d'apprentissage, ils préviennent les parents afin qu'ils réalisent les démarches nécessaires à l'évaluation de leur enfant. Leurs observations sont indispensables à un dépistage précoce de la dysorthographie.

› Pendant le diagnostic

Ce n'est pas parce que la démarche diagnostique a été entamée que l'enseignant n'a plus de rôle à jouer. Avec l'accord des parents, il peut être contacté par les professionnels réalisant les évaluations afin qu'il communique ses observations sur le fonctionnement scolaire de l'enfant. En outre, même si les résultats des tests ne sont pas encore connus, l'enseignant peut déjà décider d'appliquer certaines mesures pour aider l'élève en difficulté (voir les fiches 49 et 50).

› Après le diagnostic

L'enseignant continue à avoir un rôle important lorsque la dysorthographie est confirmée. Tout au long des prises en charge de l'enfant, il peut informer les thérapeutes sur les progrès qu'il observe et les difficultés qui persistent (toujours avec l'accord des parents, bien sûr). Dans certains cas, une collaboration étroite s'installe. Le tandem orthophoniste-enseignant se révèle souvent d'une grande efficacité. Par exemple, l'enseignant indique quelle est la matière étudiée en classe, pour que l'orthophoniste puisse conseiller des aménagements ou adapter quelques exercices dans sa thérapie. Réciproquement, l'orthophoniste communique ce sur quoi il travaille avec l'enfant pour que l'enseignant y soit plus attentif en classe.

Le comportement de l'enseignant joue également un rôle dans la progression de l'enfant. Il suffit parfois d'une attitude bienveillante et d'encouragements réguliers pour qu'un enfant fragilisé reprenne confiance en lui et en arrive à aimer l'école ! Plusieurs années après avoir terminé leurs études, certains adultes dysorthographiques se souviennent encore avec reconnaissance de paroles encourageantes et d'enseignants qui les ont réellement aidés à se surpasser.

L'enseignant peut aussi agir sur l'ambiance générale de la classe. Il est le mieux placé pour développer un climat positif entre ses élèves. Si ceux-ci entretiennent une relation d'entente et de confiance, les parents feront peut-être le choix de révéler la dysorthographie de leur enfant. Guidée par le professeur, une discussion sur ce que cela signifie peut alors être organisée. Elle ne sera pas seulement bénéfique pour l'enfant dont la famille a fait cette démarche, mais également pour les autres qui souffriraient eux aussi de troubles des apprentissages. Dans certains cas, cette intervention aboutit à une action concertée des écoliers qui s'impliquent tous pour aider l'élève dysorthographique à affronter ses difficultés.

Enfin, comme nous le verrons dans la fiche 49, l'enseignant est également la personne responsable de la mise en place des adaptations scolaires nécessaires à la poursuite de la scolarité. S'il est correctement informé sur les troubles « dys », il comprend que tout enfant dysorthographique est intelligent et peut apprendre comme les autres, à condition de prendre des mesures adaptées.

À retenir !

- L'enseignant est LE spécialiste de la scolarité. Il joue un rôle clé dans le parcours de l'enfant dysorthographique :
  - en repérant les premières difficultés ;
  - en permettant un dépistage le plus précoce possible ;
  - en collaborant avec les autres professionnels ;
  - en adoptant une attitude positive et bienveillante ;
  - et en développant un climat de confiance au sein de la classe qui permet l'acceptation de tous et le développement d'une aide adaptée.

FICHE

15 Comprendre l'orthographe

› L'orthographe, c'est quoi au juste ?

L'orthographe est un ensemble de règles qui permettent de savoir comment enchaîner les lettres pour que les mots et les phrases aient des sens différents. C'est une sorte de code grâce auquel nous savons comment communiquer nos idées par écrit.

L'orthographe comporte également un aspect affectif qu'il ne faut pas oublier. Dès le début de l'école primaire, on met beaucoup de pression sur l'enfant à qui l'on demande d'écrire sans faute. Malheureusement, cette pression entraîne de nombreuses crispations. Pour beaucoup d'élèves, l'orthographe est synonyme de contraintes, d'erreurs, de punitions, ou d'échecs. Et dès le moment où ils commencent à redouter cette matière, leur apprentissage devient encore plus éprouvant. C'est d'autant plus vrai pour les jeunes dysorthographiques. La perception négative qu'ils ont de l'orthographe freine bien souvent leur progression dans ce domaine.

› Les différents types d'orthographe

L'orthographe phonétique est le niveau le plus simple. Il s'agit de traduire les sons entendus en signes écrits sans se préoccuper du reste. Le résultat donne une écriture phonétique qui fonctionne avec les mots réguliers. Malheureusement, peu de mots en français peuvent être écrits simplement en traduisant les sons en lettres.

L'orthographe lexicale (aussi appelée orthographe d'usage) correspond à la manière d'écrire les mots de la langue en dehors de tout accord de grammaire. Il s'agit des règles qui organisent les lettres à l'intérieur des mots afin qu'ils expriment exactement ce qui est prévu. L'orthographe lexicale concerne les doubles consonnes, les lettres muettes, l'écriture des mots irréguliers (qui ne s'écrivent pas exactement comme ils s'entendent). Elle aide aussi à écrire les homophones afin de bien les différencier. Exemple : *ver*, *vert* et *verre* ne veulent pas dire la même chose.

L'orthographe grammaticale est le niveau suivant. Il s'agit de l'ensemble des règles qui permettent d'accorder les mots au sein d'une phrase afin de communiquer le bon sens. Grâce à l'orthographe grammaticale, le lecteur comprend que «*ils attrapent une balle*» évoque plusieurs personnes, tandis que «*il attrape une balle*» n'en évoque qu'une. De même, il comprend que dans le cas où «*Dominique est parti*», Dominique est un garçon, tandis que si «*Dominique est partie*», c'est qu'il s'agit d'une fille.

› L'orthographe, pourquoi est-ce compliqué ?

Pour écrire, il ne suffit pas de transformer les sons en lettres. Orthographier est un processus bien plus complexe que cela. Et contrairement aux langues qui s'écrivent comme elles se parlent (c'est le cas de l'espagnol par exemple), l'orthographe du français est particulièrement compliquée à maîtriser. En effet, notre langue comporte de très nombreuses particularités.

La première concerne le **déséquilibre entre les sons et les lettres**. La langue française est constituée de 36 sons différents, mais de seulement 26 lettres pour les écrire. Certains sons ne peuvent donc être écrits qu'en associant plusieurs lettres ensemble, dans des ordres variés (ex.: oi, on, oin...).

Une autre difficulté du français est qu'**un même son peut s'écrire de différentes manières**. Ainsi, le «in» s'écrit différemment dans *indice*, *impossible*, *parfum*, *bain*, ou *peinture*. Au total, les 36 sons de notre langue peuvent s'écrire de 130 manières différentes... Il y a donc rien d'étonnant à ce que les jeunes élèves s'arrachent les cheveux en début d'apprentissage de l'écriture.

En français, de nombreux mots fréquents sont totalement **irréguliers**. Par exemple, *monsieur* ou *femme* ne s'écrivent pas du tout comme ils se prononcent. L'apprentissage des mots irréguliers prend du temps et demande beaucoup d'efforts et de rappels.

Sans aller jusqu'aux mots totalement irréguliers décrits plus haut, les **lettres muettes** et les **doubles consonnes** sont deux autres difficultés omniprésentes en français. Cet aspect continue longtemps à poser problème, puisqu'à l'âge adulte, il reste encore de nombreux termes que nous sommes incapables d'écrire sans faute. N'oublions pas non plus les célèbres **homophones**, ces mots qui se disent de la même manière, mais qui s'écrivent différemment; le français en contient énormément.

Entre *sang* et *cent*, *saut* et *seau*, *père* et *paire*... il y a de quoi perdre la tête.

Enfin, citons également les **règles de grammaire** qui semblent toutes posséder au moins une exception. Non seulement l'enfant doit les comprendre et savoir quand et comment les appliquer, mais en plus il doit mémoriser la série d'exceptions qui accompagne chaque règle.

À retenir !

- L'orthographe est un ensemble de règles qui aident à communiquer par écrit.
- Qu'elle effraie, qu'elle soit idéalisée ou qu'elle soit dédaignée, l'orthographe laisse rarement indifférent. Et si elle est tant redoutée, c'est que l'orthographe du français n'est pas simple. Elle se divise entre l'orthographe phonétique, lexicale et grammaticale. Elle comporte de nombreuses particularités et prend des années avant d'être bien maîtrisée.
- Pour aider efficacement les personnes dysorthographiques, il est important de comprendre comment fonctionne l'orthographe, puisqu'il s'agit du principal dysfonctionnement provoqué par ce trouble.

FICHE

16 Les prérequis indispensables au développement de l'orthographe

› Posséder suffisamment de vocabulaire

Difficile de savoir comment écrire ou accorder un mot si l'on ne comprend pas ce qu'il veut dire. En effet, un enfant qui ne sait pas si *calèche* est un nom ou un verbe, ne parviendra pas à le mettre correctement au pluriel. Autre exemple, s'il connaît le mot *boisé*, cet enfant comprendra plus facilement pourquoi *bois* s'écrit avec un « s » à la fin.

› Avoir une bonne conscience de sa langue maternelle

Pour être performant en orthographe, l'enfant doit avant tout avoir été sensibilisé au langage oral. Il doit pouvoir déterminer si certains sons existent ou non dans sa langue maternelle. Par exemple, « br » est fréquent en français, tandis qu'il y a peu de chance pour que « drfg » existe. Cette connaissance permet à l'enfant de déterminer comment écrire les sons et, lorsqu'il se relit, de savoir si les enchaînements de lettres qu'il a écrits ont un sens ou non.

› Avoir une bonne conscience des sons

Avant de pouvoir développer l'orthographe, l'enfant doit avoir compris que sa langue est composée de syllabes et de sons. Il doit être en mesure de jouer avec eux, de les manipuler. Par exemple, il faut qu'il soit capable de couper les mots en syllabes, d'inverser les sons qui les composent, d'en supprimer ou d'en ajouter des nouveaux.

› Utiliser efficacement sa mémoire

Retenir l'orthographe des mots fait appel à plusieurs formes de mémoire:

- la **mémoire de travail** (ou mémoire à court terme) stocke les informations le temps qu'elles soient utilisées. Elle permet de retenir mentalement toutes les lettres à écrire (ou les accords de grammaire) le temps que la main les note sur la feuille;
- la **mémoire à long terme** est utile pour retenir les mots vus et appris. Ils constituent ce qu'on appelle le lexique orthographique mental;
- la **mémoire auditive** est chargée de retenir les sons avant qu'ils soient écrits;
- la **mémoire visuelle** est spécifiquement dédiée à la mémorisation de la forme visuelle des mots. Pour chaque terme, elle mémorise la façon dont s'écrivent et s'organisent les lettres qui le constituent.

› Avoir de bonnes capacités d'attention

Pour développer correctement l'orthographe, l'enfant doit être capable de prêter attention à cet apprentissage. Son **attention visuelle** est primordiale, puisqu'elle lui permet de se concentrer sur ce qui est écrit. L'**attention auditive** est également importante, puisqu'elle concerne tout ce qui est dit à voix haute.

› S'orienter dans l'espace et avoir une bonne analyse visuelle

L'orthographe est aussi liée à l'orientation spatiale et à l'analyse visuelle. Avant de savoir bien écrire, l'enfant doit être capable d'analyser les signes écrits et de déterminer s'ils sont identiques ou non. Il doit percevoir dans quel sens ils sont orientés, ce qui lui permettra de comprendre, par exemple, que le «b» et le «d» correspondent à un même dessin orienté différemment.

› Et la lecture dans tout ça ?

De nombreuses études indiquent que la lecture a une influence importante sur l'écrit. Il ne s'agit pas d'un prérequis en tant que tel, puisque l'apprentissage de la lecture se développe en même temps que celui de l'orthographe. Ces deux domaines sont intimement liés et s'influencent l'un l'autre.

La lecture aide au développement de l'orthographe. En effet, c'est lorsqu'il lit les mots que l'enfant prend connaissance de la manière dont ils sont écrits. Plus il lit, plus il rencontre de termes différents qui enrichissent son répertoire de mots connus. Lire constitue donc une porte d'entrée pour la mémorisation de l'orthographe.

Mais l'inverse est également vrai : l'orthographe améliore la lecture, puisqu'elle permet de différencier les mots qui se ressemblent et par conséquent de mieux comprendre ce qui est écrit. Dans la phrase « *Ils mangent bien.* », le lecteur utilise les traces du pluriel pour comprendre qu'on parle de plusieurs personnes. Si la phrase avait été prononcée oralement, il n'aurait pas pu le déterminer.

À retenir !

- *L'orthographe est une compétence complexe qui ne s'installe correctement que si certains apprentissages de base sont déjà acquis.*
- *En cas de dysorthographie, ces prérequis ne sont pas tous présents, ou pas assez solidement. Dès lors, apprendre à lire et à écrire devient aussi compliqué que de bâtir une maison sur un terrain instable. Voilà pourquoi l'enfant dysorthographique éprouve des difficultés à comprendre, mémoriser et utiliser l'orthographe.*
- *La lecture se développe en parallèle de l'orthographe. Pour réussir à écrire correctement, un bon niveau de lecture est indispensable.*

FICHE

17 Le développement de l'orthographe chez l'enfant

› Le pré-dessin

Vers 1 an, le petit enfant découvre qu'il est capable de faire des traces. Cette découverte a lieu par hasard, lorsqu'il constate que ses mains sales, la nourriture de son assiette ou le bâton de chocolat marquent la surface sur laquelle il les frotte. D'abord involontaires, les mouvements du petit enfant vont se faire de plus en plus précis jusqu'à ce qu'il soit capable de tracer des traits de manière contrôlée.

› Le dessin

La phase de dessin est la deuxième étape qui prépare l'enfant à l'écriture. Dès qu'il a un certain contrôle de ses gestes, le jeune enfant représente le monde qui l'entoure en dessinant. Papa, maman, le chat, la maison de papy... ses dessins l'aident à communiquer sa vision des choses.

› Les premières tentatives d'écriture

Début de l'école maternelle, l'enfant de 3 ans comprend qu'écrire et dessiner sont deux actes différents. Attirés par cette «activité de grand», certains élèves commencent à essayer d'écrire. Le résultat ressemble généralement à un enchaînement de traits. Ce n'est plus du dessin, mais pas encore les lettres de l'alphabet.

Aussi étonnant que cela puisse paraître, les premières traces d'orthographe sont déjà présentes: l'enfant sépare les mots qu'il pense écrire avec des espaces entre les successions de traits. La logique orthographique de cet âge-là est plutôt pragmatique: si ce qu'il veut écrire évoque quelque chose de grand, l'enfant tracera un mot plus long. Ainsi, *lion* prendra plus de place sur la feuille que le mot *coccinelle*, ce dernier étant un animal plus petit.

› Le début des lettres

Vers 4 ans, le jeune enfant découvre avec plaisir comment s'écrit son prénom. Pour lui, c'est le premier mot qu'il reconnaît et qui a du sens. Les lettres de son prénom le passionnent; il les recherche partout autour de lui et essaye de les reproduire. Il les trace en écriture bâton, les mélange à des lettres qui n'existent pas, ou écrit tous les mots à partir de ces seules lettres. Papa, maman, les prénoms des copains d'école... Très vite, l'enfant découvre d'autres lettres, toujours en lien avec des mots qui ont une valeur affective.

Vers 5 ans, les élèves qui n'ont pas de difficulté savent que les mots permettent d'écrire les paroles. Ils ont compris que la forme de ce qui est écrit change en fonction de ce qui est dit. S'ils reconnaissent quelques lettres, les jeunes enfants ne savent pas encore les associer à leurs sons respectifs. Pour écrire, ils tracent celles qu'ils connaissent les unes à la suite des autres, même si le résultat final n'a pas de sens. S'ils veulent écrire des mots différents, ils organisent les lettres connues dans un autre ordre pour que les mots signifient autre chose. Par contre, si on leur demande d'écrire plusieurs fois le même mot, ils ont tendance à garder la même manière d'enchaîner les lettres.

› L'apprentissage alphabétique

L'apprentissage alphabétique commence soit en fin de grande section de maternelle, soit au début de l'école primaire. Il se déroule en deux temps.

D'abord, les élèves apprennent le lien entre les sons et chaque lettre de l'alphabet. Comme ils ont généralement déjà découvert les syllabes (grâce aux comptines chantées en classe, par exemple), ils parviennent à couper les mots qu'ils veulent écrire en plus petits morceaux. Chacun de ces morceaux est traduit à l'aide des lettres apprises. Au début, les élèves n'associent pas les lettres ensemble. Sur une syllabe entière, seule une lettre est écrite. *Citron*, par exemple, ne sera écrit qu'avec deux lettres, car l'enfant n'entend que deux syllabes dans ce mot.

Progressivement, les élèves comprennent que les syllabes sont composées de plusieurs sons. Ils commencent donc à retranscrire intégralement tous les sons qu'ils entendent au sein des mots. Ils apprennent à utiliser les digrammes et les trigrammes[1]. Leur écriture devient phonétique (ils écrivent ce qu'ils entendent).

› Le développement de l'orthographe d'usage

Une fois que l'enfant a compris comment fonctionnent l'écriture et le principe alphabétique (généralement à partir du CE1[2]), il accède au stade orthographique. Il constate qu'en français les mots qui s'écrivent comme ils se disent sont rares. Il découvre l'existence des doubles consonnes, des lettres muettes, des homophones... Cet enfant réalise alors que l'écriture phonétique ne lui suffira pas pour se faire comprendre. Il va devoir se construire un lexique orthographique mental, sorte de mémoire spécialement dédiée à l'orthographe des mots.

C'est grâce à la lecture qu'il commencera à mémoriser les particularités orthographiques des mots qu'il rencontre. En parallèle, il apprend à utiliser des stratégies qui lui permettent de deviner comment écrire certains termes (mettre un adjectif au féminin pour percevoir sa lettre finale par exemple).

› Le développement de l'orthographe grammaticale

L'orthographe grammaticale est le dernier stade du développement orthographique. En effet, avant de pouvoir consacrer toute l'énergie nécessaire à la maîtrise de la grammaire, l'enfant doit être assez à l'aise avec l'écriture des sons. Son lexique orthographique doit également avoir commencé à se développer pour qu'il puisse se concentrer en priorité sur les accords des mots au sein des phrases. L'orthographe grammaticale commence à être évoquée au CP[3], mais n'est vraiment étudiée qu'à partir du CE1[4].

---

1. Les digrammes représentent les sons qui s'écrivent à l'aide de deux lettres différentes (ex.: ch, an, ou, etc.). Les trigrammes s'écrivent à l'aide de trois lettres (ex.: eau, ain, oin, etc.).
2. Le CE1 en France correspond à la 2e primaire en Belgique, en Suisse et au Canada.
3. Le CP en France correspond à la 1re primaire en Belgique, en Suisse et au Canada.
4. Le CE1 en France correspond à la 2e primaire en Belgique, en Suisse et au Canada.

À retenir !

On n'écrit pas sans faute du jour au lendemain. Développer l'écriture et l'orthographe est un apprentissage qui prend du temps, qui passe par différentes phases et ce dès le plus jeune âge.

FICHE

18 Concrètement, comment écrit-on ?

› Les processus mentaux nécessaires à l'écriture

Écrire est un acte complexe qui fait appel à beaucoup de processus différents. Évidemment, ceux-ci ne sont pas les mêmes selon la difficulté ou la longueur du texte à écrire. Le type de rédaction (dictée, mémorisée, spontanée) explique aussi pourquoi certains processus cognitifs sont plus utilisés que d'autres.

De manière générale, une tâche d'écriture fait appel aux processus suivants:

- **le langage**: utiliser les termes les plus adéquats, comprendre les mots utilisés afin de savoir comment les accorder;
- **l'organisation**: organiser les lettres au sein des mots, les mots au sein des phrases, mais aussi, de manière plus générale, les idées au sein du texte;
- **la mémoire**: récupérer en mémoire les mots connus ou les règles apprises et garder en mémoire l'orthographe des mots le temps de les écrire;
- **l'attention-concentration**: se concentrer suffisamment bien sur chacune des étapes qui amènent à la production orthographique.

On a souvent peu conscience de tous les mécanismes nécessaires à l'écriture. Pourtant, mieux les comprendre permet d'aider plus efficacement les personnes qui ne parviennent pas à écrire correctement.

› Les différentes étapes nécessaires à l'écriture d'un texte

Organiser le texte

Cette étape est primordiale en cas d'écriture spontanée. Il s'agit de réfléchir à la manière dont les idées seront organisées au sein du texte.

De quoi va-t-on parler en premier? Quel sera le thème principal? Quels détails peuvent être traités brièvement? Etc.

Cette étape n'est pas particulièrement difficile pour l'enfant dysorthographique, sauf s'il souffre en plus d'un trouble du langage oral ou d'importantes difficultés pour s'organiser.

Découper le texte en unités plus petites

Un texte n'est pas constitué d'un seul bloc. Pour pouvoir l'écrire, il est nécessaire de le diviser en phrases, puis de diviser les phrases en mots, mais également les mots en syllabes et les syllabes en sons. Cette étape exige beaucoup d'attention. La mémoire est aussi utilisée puisque l'enfant doit retenir ce qu'il veut dire pendant qu'il procède inconsciemment à tous ces découpages.

Comme pour la première étape, découper le discours en mots n'est pas spécialement difficile pour l'enfant dysorthographique, sauf s'il souffre en plus d'un trouble du langage oral. C'est le découpage en syllabes et en sons qui est souvent plus problématique.

Écrire les mots

Une fois qu'il a découpé son texte en mots, l'enfant doit trouver la bonne manière de les écrire. Pour cela, il a deux possibilités:

- **si le mot à écrire est connu**, il recherche sa forme visuelle parmi tous les mots stockés dans sa mémoire (dans son lexique orthographique mental). Dès qu'il l'a repéré, il le stocke dans une mémoire temporaire, le temps que sa main l'écrive sur le papier. En cas de dysorthographie de surface (voir la fiche 3), l'enfant mémorise les mots de manière floue, imprécise. Il ne les retrouve pas facilement dans sa mémoire et ne les écrit donc pas bien;
- **si le mot à écrire n'a pas encore été mémorisé**, l'enfant doit le découper en sons, puis traduire chacun de ces sons en lettres. C'est le principe de l'orthographe phonétique. Cette étape est la plus difficile pour l'enfant atteint d'une dysorthographique phonologique (voir la fiche 3).

Appliquer la grammaire

Dès que l'enfant sait comment écrire les mots, il peut appliquer l'orthographe grammaticale afin de savoir comment les accorder entre eux. Cette étape suppose de rechercher en mémoire les règles de grammaire connues, de choisir celles qui sont nécessaires, puis de les appliquer à bon escient. Elle n'est réalisable que lorsque l'enfant comprend ce qu'il veut écrire. Ainsi, il est impossible d'accorder correctement les mots si on ne sait pas ce qu'ils signifient.

Quel que soit le type de dysorthographie, la grammaire est un domaine qui reste longtemps difficile à maîtriser.

Le geste d'écriture

La dernière étape consiste à traduire l'orthographe du mot en gestes moteurs. Il s'agit maintenant de faire travailler la motricité de la main, des doigts, du poignet et du bras. Cette étape requiert un bon dosage de la force sur le stylo de même qu'une vitesse d'écriture adaptée.

Pour cela, l'enfant a dû auparavant apprendre comment tracer les lettres (par où commencer, quelle trajectoire prendre, etc.). En début d'apprentissage, les gestes d'écriture ne sont pas encore automatisés. L'enfant doit donc beaucoup se concentrer s'il veut mener à bien cette étape. Après quelques mois, l'écriture devient automatique et coûte de moins en moins d'efforts.

Théoriquement, en l'absence d'un trouble du graphisme, le jeune dysorthographique est capable d'avoir des gestes d'écriture corrects. Cependant, on constate souvent que son graphisme est moins joli que celui de ses camarades. La raison est simple : les étapes qui précèdent l'écriture lui posent tellement de difficultés, que cet enfant n'est plus capable de se concentrer suffisamment sur les gestes qu'il réalise.

À retenir !

- *Écrire sans faute est une compétence qui coûte beaucoup d'énergie. Elle nécessite de nombreux processus mentaux et passe par différentes étapes.*
- *La dysorthographie a des conséquences sur la plupart de ces étapes. Il n'est donc pas étonnant que l'orthographe mette du temps à se développer.*

FICHE

19 L'angoisse des dictées

Pour l'enfant dysorthographique, la dictée est souvent vécue comme une réelle épreuve. Cette tâche est particulièrement difficile, car elle concerne le point central de ses difficultés: l'orthographe. De plus, elle fait appel à de nombreuses compétences qu'il doit pouvoir utiliser en même temps. Parmi celles-ci: soigner son écriture, s'adapter au rythme de la personne qui dicte, garder en mémoire les mots prononcés tout en cherchant comment les écrire, comment les accorder, etc. La tâche est donc vraiment multiple!

› La dictée non préparée

L'enseignant dicte un texte aux élèves. Ce texte n'a jamais été travaillé, ni étudié auparavant.

La dictée non préparée permet-elle de développer l'orthographe?

Non. Étant donné qu'aucun travail n'a été réalisé en amont, le texte dicté ne permet pas aux élèves d'apprendre l'orthographe de nouveaux mots. La dictée non préparée permet, tout au plus, d'entraîner l'écriture des mots et des règles de grammaire déjà connues (et ce, à condition que l'élève s'en souvienne au bon moment).

La dictée non préparée permet-elle vraiment d'évaluer l'orthographe?

Le texte à écrire étant nouveau, les enfants doivent faire appel à toutes leurs connaissances pour l'écrire du mieux qu'ils peuvent. La dictée non préparée offre donc un aperçu de leur niveau orthographique à un instant précis. Cependant, il ne s'agit que d'une facette de l'orthographe. La dictée non préparée n'évalue pas ce que les élèves sont capables d'écrire dans les situations plus naturelles, comme la production spontanée par exemple.

› La dictée préparée

L'enseignant dicte un texte qui a été précédemment travaillé, soit en classe, soit à la maison (soit les deux).

La dictée préparée permet-elle de développer l'orthographe ?

La dictée préparée permet aux élèves de rencontrer de nouveaux mots et de mémoriser la façon correcte de les écrire. Ils enrichissent donc leur lexique orthographique mental. Réalisée avec application, la phase de réflexion et d'analyse qui précède la dictée aide aussi les élèves à comprendre comment appliquer concrètement les règles de grammaire.

Toutefois, ces apprentissages n'ont lieu que si les conditions sont optimales. Pour cela, il faut que :

- la dictée choisie soit d'une difficulté adaptée au niveau des élèves ;
- un réel travail d'appropriation ait lieu (analyse de ce qui est écrit, mise en évidence des mots irréguliers, réflexion sur les règles de grammaire utilisées, etc.) ;
- la dictée ne soit pas trop longue pour que les élèves puissent se concentrer efficacement dessus ;
- les enfants aient eu assez de temps pour se préparer correctement ;
- les enfants aient assez de temps pour réfléchir à leur aise au cours de la dictée et pour pouvoir se relire par la suite ;
- le texte à écrire soit compris par tout le monde ;
- la dictée ne soit pas la seule méthode utilisée pour développer l'orthographe. Il ne peut s'agir que d'un complément à d'autres pratiques pédagogiques (analyses de phrases, écriture spontanée, etc.).

La dictée préparée permet-elle vraiment d'évaluer l'orthographe ?

Difficile à affirmer... si elle a été travaillée avec application, la dictée préparée est un bon outil pour évaluer ce que l'enfant a appris et ce qui lui reste à apprendre. Par exemple, elle met en évidence les mots dont l'orthographe n'est toujours pas connue ou les règles de grammaire qui doivent encore être renforcées.

Cependant, la réalité est souvent différente. À la maison, dans l'espoir d'obtenir un bon résultat, les textes donnés par l'enseignant sont plus souvent étudiés par cœur que réellement analysés. Au cours de la dictée, les enfants reproduisent ce qu'ils ont appris de manière totalement automatique, sans réfléchir à ce qu'ils écrivent. La dictée préparée évalue alors davantage la qualité de leur mémoire que leur maîtrise de l'orthographe. Or, un enfant qui mémorise une dictée sans y réfléchir ne généralisera pas ses connaissances. Par exemple, il écrira parfaitement certains mots sur sa feuille de contrôle, mais se trompera lorsqu'il devra les écrire dans un autre cours.

› L'autodictée

L'autodictée consiste à réécrire une ou plusieurs phrases ayant été apprises par cœur.

L'autodictée permet-elle de développer l'orthographe ?

Tout comme la dictée préparée, l'autodictée enrichit le lexique orthographique des élèves grâce à l'étude de l'orthographe des mots. Si l'enseignant et sa classe ont analysé et travaillé la phrase avant de l'étudier, ils amélioreront leur compréhension de la grammaire. Mais l'autodictée doit répondre aux mêmes conditions que la dictée préparée pour être vraiment efficace.

L'autodictée permet-elle vraiment d'évaluer l'orthographe ?

À nouveau, c'est surtout la mémorisation qui est évaluée avec l'autodictée. Et la mise en mémoire est d'autant plus difficile que l'enfant doit non seulement retenir comment orthographier les mots, mais aussi retenir l'ensemble de la phrase pour pouvoir se la dicter sans aide extérieure. Un enfant qui possède une mémoire plus faible risque d'échouer son autodictée, et ce, même s'il est pourtant doué en orthographe. À l'inverse, un enfant qui réussit brillamment ce type de dictée n'a pas pour autant compris les règles orthographiques de ce qu'il vient d'écrire.

› La dictée à trous

L'élève reçoit un texte dans lequel certains mots sont manquants. L'enseignant lit le texte en dictant les mots non écrits.

La dictée à trous permet-elle de développer l'orthographe ?

Si l'enseignant communique dès le début quels seront les mots manquants, il permet aux élèves de concentrer toute leur énergie sur l'étude et la compréhension de leur orthographe. Mais si les jeunes se limitent à un apprentissage par cœur sans aucun approfondissement, ils ne tireront aucun profit de ce dispositif.

La dictée à trous permet-elle vraiment d'évaluer l'orthographe ?

La dictée à trous a l'énorme avantage de pouvoir évaluer précisément un type de particularité orthographique en ne laissant pas d'autres difficultés interférer. Par exemple, en fonction de ce qui a été vu en classe, l'enseignant choisira de ne faire écrire que les participes passés à accorder, les verbes à conjuguer, ou les noms composés à mettre au pluriel. Il évalue donc bien si l'enfant est capable d'appliquer les règles travaillées.

À retenir !

- *La dictée est avant tout un outil d'évaluation fortement influencé par le par-cœur. Mais elle peut aussi être une pratique pédagogique capable de contribuer au développement orthographique des élèves. Pour cela, il faut qu'elle ait été correctement préparée et choisie.*
- *Ce qui est mauvais, ce n'est pas tant la dictée en tant que telle que le fait de l'utiliser comme seul moyen d'apprentissage.*

Fiches pratiques

J'AIDE MON ENFANT À SURMONTER SA DYSORTHOGRAPHIE

FICHE

20 Développer le langage

› Enrichir le langage oral

Pourquoi ?

Le langage oral (vocabulaire, compréhension, expression) est un prérequis indispensable au développement de l'écriture. En effet, il est bien plus difficile de savoir comment écrire ou accorder un mot lorsqu'on ne le prononce pas bien ou qu'on ne comprend pas ce qu'il veut dire.

Il est donc primordial de vérifier si le langage de l'enfant dysorthographique est susceptible de lui poser des difficultés lorsqu'il écrit. Réalise-t-il des confusions de sons quand il s'exprime ? Comprend-il tout ce qu'on lui dit ? Parvient-il à communiquer ses idées ? Si ce n'est pas le cas, il faut l'aider à construire de meilleures compétences langagières, et ce, le plus rapidement possible. Pour cela, une prise en charge orthophonique est parfois nécessaire.

Dans tous les cas, il est recommandé de stimuler le langage oral au moins jusqu'à la fin du CE2[1], le temps que l'enfant dysorthographique ait construit les bases de la lecture et de l'écriture.

Comment enrichir le langage oral ?

• **Adopter la bonne attitude**. La famille joue un rôle essentiel dans la stimulation du langage de l'enfant dysorthographique. Même si celui-ci ne s'exprime pas bien, elle doit veiller à ne pas lui parler comme à un bébé. Les parents peuvent adapter leur discours en parlant plus lentement ou en accentuant davantage leurs mots. Toutefois, il est important d'utiliser du vocabulaire précis et des structures de phrases correctes pour que l'enfant apprenne un jour à les utiliser. De même, les termes plus compliqués ne doivent pas être évités, mais bien expliqués et répétés plusieurs fois afin de faciliter leur mémorisation. Quant aux erreurs, elles seront corrigées, mais toujours avec bienveillance.

1. Le CE2 en France correspond à la 3e primaire en Belgique, au Canada et en Suisse.

• **Lire, lire, et encore lire**. La lecture est évidemment un moyen incontournable de développer le langage. Au fur et à mesure des histoires parcourues, le vocabulaire de votre enfant s'enrichit. Il s'habitue à différents types de phrases et d'expressions qui l'aideront à s'exprimer plus clairement et à mieux comprendre ce qui lui est dit. Essayez d'instaurer un rituel afin que votre enfant et vous-même preniez l'habitude de lire au moins une histoire chaque jour (par exemple, lors du coucher). Et même en dehors du moment convenu, profitez de toutes les occasions pour lire avec lui.

• **Les jeux**. De nombreux jeux peuvent également être utilisés à la maison pour faire progresser l'enfant dysorthographique. Citons entre autres :

- Les *Story Cubes*® (The Creativity Hub) qui permettent d'inventer des phrases et des histoires à l'aide de dessins illustrés sur des dés.
- *Il était une fois*® (Darwin Project), un jeu pour inventer des contes de fées à l'aide de différentes cartes.
- *Taboo*®, *Taboo Junior*® (Hasbro) ou *Time's Up! Family*® (Asmodee) pour faire deviner des mots en travaillant la compréhension et l'expression orale.
- *Brin de Jasette Junior*® (Brin de Jasette) pour donner son avis et apprendre à parler de soi.
- Le *Vocabulon des petits*® ou le *Vocabulon Junior*® (Megableu) pour développer le vocabulaire.
- Les lotos de tous genres (Loto de la ferme, des couleurs, des contraires, des animaux, des émotions, etc.).

› Améliorer la conscience de la langue

Pourquoi améliorer la conscience de la langue ?

Pour être performant en orthographe, il ne suffit pas d'avoir beaucoup de vocabulaire. Il est nécessaire de comprendre que la langue est composée de syllabes et de sons, puis de savoir les manipuler (les inverser, les associer, les supprimer ou même les ajouter au sein des mots). L'enfant doit également pouvoir déterminer si certains enchaînements de sons existent et ont un sens. Par exemple, « br » est fréquent en français, tandis qu'il y a peu de chance pour que « drfg » existe.

Ces compétences sont particulièrement importantes pour le développement de l'écriture. Chez les enfants dysorthographiques, elles ne fonctionnent souvent pas bien. Ils segmentent mal les mots, ce qui ne favorise pas l'analyse des sons et provoque de nombreuses erreurs. Dès lors, écrire sans faute devient aussi compliqué que de bâtir une maison sur un terrain instable.

Comment améliorer la conscience de la langue ?

La conscience de la langue et des sons se développe grâce à la manipulation et à des exemples concrets. À nouveau, le jeu et les activités pratiques sont les meilleurs supports. Si la plupart de ceux-ci sont réalisés en suivi orthophonique, les proposer ponctuellement à la maison aidera votre enfant à progresser plus vite. De cette manière, vous contribuerez à la mise en place de fondations solides, permettant à votre enfant d'avoir de meilleures bases en lecture et écriture.

Les trois prochaines fiches reprennent des idées d'activités permettant d'améliorer la manipulation des syllabes, des rimes et des sons (voir les fiches 21, 22 et 23). Quelle que soit l'activité choisie, veillez à respecter les trois règles suivantes.

- **Proposez à votre enfant de s'entraîner régulièrement**. Tant que sa conscience de la langue n'est pas meilleure, deux fois par semaine sont un minimum.

- **Faites-le pendant une dizaine de minutes tout au plus**. Ces activités demandent un gros effort de concentration. Il vaut mieux travailler à fond pendant 5 minutes que de s'acharner pendant 20 minutes avec un enfant qui n'en peut plus.

- **Rendez ces exercices ludiques**. Pour cela, transformez les exercices proposés pour qu'ils correspondent aux centres d'intérêt de votre enfant.

À retenir !

- Avoir un bon niveau de langage oral et une bonne conscience de sa langue maternelle sont deux prérequis indispensables au développement de l'orthographe.
- En cas de dysorthographie, ces prérequis sont souvent trop peu développés. Ils doivent donc être entraînés à l'aide de différentes activités comme la lecture ou les jeux. Pour qu'elles soient efficaces, ces activités doivent être régulières, courtes et ludiques.

21 Jouer avec les syllabes

› Qu'est-ce qu'une syllabe ?

Les syllabes sont des morceaux de mots. Très importantes, elles permettent d'articuler, mais aussi de lire et d'écrire la langue française. Pour les repérer, les enfants apprennent généralement à frapper dans leurs mains pendant qu'ils prononcent les mots. De cette façon, ils ressentent dans leur corps à quels endroits les couper.

À l'oral, les syllabes sont composées de sons. Lorsqu'elles sont écrites, elles se composent de lettres.

> Exemple: Le mot *bouchon* est composé de deux syllabes: bou-chon

› Comment améliorer la conscience des syllabes ?

De nombreuses activités permettent d'améliorer la conscience des syllabes. Celles-ci doivent être proposées régulièrement, jusqu'à ce que votre enfant les réalise avec facilité.

Pour être efficaces, ces activités travailleront le **découpage** en syllabes, mais aussi la **suppression** ou l'**inversion** des syllabes à l'intérieur des mots.

- **Découper des mots appréciés**. Très facile à organiser, cette activité peut être proposée à n'importe quel moment de la journée (dans la voiture, dans la file d'attente du magasin, etc.). Il s'agit simplement de demander à votre enfant de segmenter des mots en syllabes.

La première fois que vous le faites, commencez par son prénom, car il s'agit de quelque chose de personnel pour lequel il a sûrement beaucoup d'affection. Ensuite, proposez-lui de segmenter les prénoms des personnes qu'il aime, puis des mots issus de ses passions, des sports qu'il pratique, etc.

Le découpage en syllabes peut se faire en tapant dans les mains, ou en invitant votre enfant à sauter sur place ou dans des cerceaux s'il a besoin de bouger pour apprendre.

- **Un jeu de l'oie sans dé**. Votre enfant aime bien jouer aux jeux de société? Profitez-en pour lui proposer un jeu de l'oie au cours duquel les pions n'avanceront pas en fonction des dés, mais bien en fonction du nombre de syllabes contenues dans des mots.

L'objectif est pareil à tout jeu de l'oie: être le premier à atteindre la case d'arrivée. Pour cela, récupérez le plateau et les pions d'un jeu de l'oie traditionnel. Munissez-vous aussi d'une pile d'images que vous placez à côté du plateau, faces cachées. Par exemple, utilisez les cartes illustrées de votre enfant, ses autocollants, ou tout simplement des illustrations imprimées ou découpées dans des magazines.

La règle est la suivante: le premier joueur pioche une image, la dépose devant lui et prononce le mot qui y est représenté. Il frappe dans ses mains pour savoir de combien de syllabes il est composé, et par conséquent, de combien de cases il doit avancer sur le plateau. Si c'est correct, il avance son pion. Si le décompte n'est pas correct, il reste sur la case où il était. C'est alors à l'autre personne de prendre la relève. De cette manière, les joueurs progressent à tour de rôle sur le plateau jusqu'à ce que l'un d'eux atteigne l'arrivée et gagne.

- **Syllabe vole** est une activité qui ne nécessite aucun matériel particulier et peut donc se jouer partout. Elle est très appréciée par les jeunes, car en plus du travail sur la syllabe, cette activité demande aussi de la rapidité et de bons réflexes.

Le principe est simple: le parent annonce à l'enfant quelle syllabe sera recherchée (par exemple: *pi*). Il dit ensuite une série de mots les uns à la suite des autres, dont certains comprennent la syllabe recherchée et d'autres non (par exemple: *crocodile*, ***pi****rate*, *as****pi****rateur*, *mouchoir*, etc.). L'enfant écoute attentivement et lève sa main le plus vite possible dès qu'il entend la syllabe recherchée parmi les mots. Dans le cas de notre exemple, il doit lever sa main pour les mots *pirate* et *aspirateur*, mais ne pas la lever pour *crocodile* et *mouchoir*.

Vous pouvez décider de compter les points lorsque votre enfant réussit à identifier les mots ou lui donner une petite épreuve s'il se trompe. N'hésitez pas non plus à changer de rôle et à devenir la personne qui doit repérer les syllabes. C'est à vous d'adapter cette activité pour qu'elle plaise à votre enfant.

• **Parler comme des agents secrets**. Avant de jouer, l'adulte choisit la manipulation qu'il veut appliquer: supprimer, inverser ou ajouter des syllabes au sein des mots. Le parent raconte à l'enfant qu'il voudrait inventer un nouveau langage secret pour ne pas se faire comprendre par des «ennemis potentiels». Pour cela, il lui explique la consigne à appliquer lorsqu'il parle. Il devra, par exemple, doubler la dernière syllabe de chaque mot ou supprimer la première. À deux, adulte et enfant décident du type de gage en cas d'oubli et du temps que durera l'activité.

Une fois que la consigne est bien comprise, le jeu de rôle débute. Les joueurs se comportent comme des agents secrets en mission et parlent avec le langage codé. Un gage est proposé à celui qui oublie d'appliquer la consigne. Par contre, si l'enfant se trompe, il est préférable de l'aider à se corriger sans pour autant lui donner un gage (qui pourrait être vu comme une sanction alors qu'il a fait l'effort d'appliquer la consigne).

Très vite, les joueurs constateront qu'il suffit d'enlever une syllabe ou d'en inverser deux pour rendre les mots incompréhensibles. Communiquer devient alors une tâche compliquée qui donnera naissance à de nombreux fous rires.

> Exemple d'une phrase où les dernières syllabes ont été doublées: *Allons voir dans le jardin!* → *Allons-lons voir-voir dans-dans le-le jardin-din!*

• **Des animaux extraordinaires**. Cette activité combine travail sur les syllabes et dessin. Elle plait généralement aux petits créatifs.

Le parent explique à son enfant qu'ils vont créer des animaux extraordinaires et leur trouver de nouveaux noms. Il prend ensuite une feuille de papier qu'il plie en deux dans le sens de la largeur, afin de délimiter de manière visible où s'arrête chaque dessin. Sans le montrer à l'enfant, il commence à dessiner la partie avant d'un animal: la tête, la moitié du corps, la moitié du nombre de pattes.

Il prend soin de continuer légèrement son tracé de l'autre côté du pli. Une fois qu'il a terminé son dessin, il le cache en pliant la feuille, puis donne à l'enfant la moitié vierge de la page.

L'enfant part des traits tracés par l'adulte pour dessiner la partie arrière d'un animal: la deuxième partie du corps, la queue, l'autre moitié du nombre de pattes. Une fois son dessin achevé, il déplie son papier et regarde l'animal improbable qui apparaît.

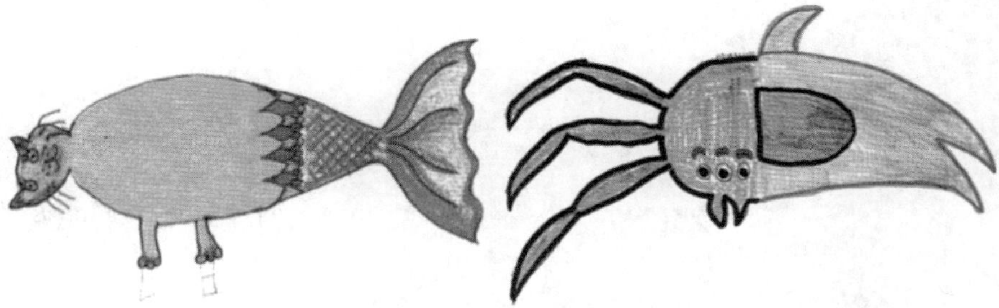

À gauche: un «chasson» (chat + poisson)
À droite: un «aphin» (araignée + dauphin)

L'adulte demande ensuite à l'enfant quels sont les noms du premier et du second animal dessinés. Il lui demande alors de retenir la première syllabe du premier animal et de l'associer à la dernière syllabe du deuxième animal. Une fois combinées, ces deux syllabes forment le nom de l'animal inventé.

• **Résoudre des rébus**. Les rébus sont des devinettes qui visent à faire découvrir un mot de plusieurs syllabes à l'aide d'images représentant des mots d'une seule syllabe. Lorsque l'enfant prononce le nom de toutes images, il découvre le mot attendu.

Les rébus sont une aide précieuse pour les parents qui désirent que leur enfant manipule plus facilement les syllabes. Ils offrent un support visuel qui aide à soulager la mémoire. L'enfant ne doit pas retenir tous les morceaux de mots par cœur comme il le ferait avec une charade; il peut procéder image par image.

N'hésitez donc pas à partir à la recherche de ces jeux de mots. Vous en trouverez en très grande quantité sur Internet ou dans les livres d'activités. Dans un premier temps, ne sélectionnez que des rébus faciles. Dès que votre enfant se sentira plus à l'aise, proposez-lui alors des rébus plus complexes, qui contiennent des images auxquelles plusieurs mots peuvent être rattachés.

> Exemple: *bas* + *lait* = *balai*. L'image du *bas* pourrait être prononcée *chaussette*, *socquette* ou même *collant*. Il s'agit donc bien d'un dessin plus difficile à définir en raison des multiples noms qui peuvent être associés.

À retenir !

- Les syllabes sont très importantes, car elles permettent d'articuler, de lire et d'écrire les mots de la langue.
- Pour les repérer, les enfants ont l'habitude de découper les mots en frappant dans leurs mains.
- Cette fiche explique six activités qui permettent d'améliorer la conscience et la manipulation des syllabes. Toutefois, de nombreux autres exercices de ce type peuvent être réalisés.

22 Jouer avec les rimes

› Qu'est-ce qu'une rime ?

Souvent présente dans les poésies ou les chansons, la rime est le son qu'on entend à la fin d'un mot. Lorsque deux mots se terminent par un même son, ils «sonnent» de la même manière. On dit alors qu'ils riment.

Par exemple, *camion* et *avion* riment ensemble, car leurs rimes finales sonnent de la même manière.

› Améliorer la conscience des rimes grâce aux comptines et aux chansons

C'est à travers les comptines et les chansons qu'il écoute que le jeune enfant découvre pour la première fois les rimes. Prenons l'exemple d'une comptine bien connue : « Un petit coch**on** pendu au plaf**ond**, tirez-lui la qu**eue** il pondra des **œufs**, tirez-la plus f**ort** il pondra de l'**or** ». Grâce à sa structure, cette comptine sensibilise l'enfant à l'existence des sons au sein des mots. Dès qu'il écoute ce genre de comptines, le tout petit s'entraîne à mieux percevoir les rimes et par conséquent, à mieux analyser sa langue maternelle. Comptines et chansons devraient donc être familières des enfants dès leur plus jeune âge.

- **En maternelle**, les comptines constituent le support de prédilection pour travailler la reconnaissance et l'utilisation des rimes. Par conséquent, il est important que vous habituiez votre enfant à les écouter. Diffusez leurs mélodies dans la maison, chantez-les avec lui, dessinez-les, mimez-les...
- **En primaire**, les comptines et les chansons sont toujours utiles. Servez-vous-en pour demander à votre enfant quels sont les mots utilisés par l'auteur pour faire rimer ses paroles. De temps en temps, choisissez une chanson que votre enfant connaît et apprécie et proposez-lui de changer les mots qui riment par d'autres mots qui riment également. Recherchez

sur Internet une version karaoké de la comptine dont vous avez changé les paroles (ou jouez les accords vous-même, si vous êtes musicien). Ainsi, vous pourrez essayer votre version en musique.

- **Si votre enfant est inspiré**, tentez d'inventer une nouvelle comptine avec lui. Une fois votre œuvre terminée, écrivez-la sur une jolie feuille de papier, illustrez-la, encadrez-la et faites-la voir par le reste de la famille. S'il est à l'aise avec cette idée, proposez à votre enfant de la chanter au cours d'un repas de famille ou d'un événement avec des amis.

› Fabriquer des boîtes à rimes

Les boîtes à rimes permettent de visualiser les rimes travaillées. Leur principe est simple: remplir des boîtes avec des objets dont les noms riment ensemble.

Prenez des boîtes à chaussures qui serviront de contenants. Sur le couvercle de chacune, collez une image représentant la rime qui sera travaillée. Par exemple, l'image d'un ballon, pour les rimes en «on». Proposez à votre enfant de choisir la première rime à entraîner. Ensuite, laissez-le se promener dans la maison à la recherche d'objets dont les noms riment avec le son choisi. Dès qu'il en repère un, il peut le prendre et le mettre dans la boîte. Dans le cas de notre exemple, un tire-bouchon,

Dans cette boîte, l'enfant a placé des objets rimant avec le son «on». On y retrouve un mouton, un chausson, un biberon, un citron, un cochon, un lion, du savon, un poisson et un macaron.

Dans cette boîte, l'enfant a placé des objets qui riment avec le son «ette».
Il y a : une pochette, une chaussette, des lunettes, des allumettes, une serviette, et une fourchette.

un crayon, un pion, etc. feront parfaitement l'affaire. Si l'objet trouvé par votre enfant est trop grand pour rentrer dans la boîte, suggérez-lui de le remplacer par une photo ou un dessin le représentant.

Dès que la boîte est suffisamment remplie, travaillez une autre rime selon la même méthode.

› Inventer des chaînes de rimes

Les chaînes de rimes sont parfaites pour entraîner la production de rimes à plusieurs, tout en s'amusant. Cette activité ne prend pas beaucoup de temps et s'organise très facilement pendant les moments creux (dans la salle d'attente du dentiste ou pendant un trajet en voiture, par exemple).

Un premier joueur choisit le mot qui commencera la chaîne. Il faut que ce mot comporte une rime facile à reproduire. Le deuxième joueur réfléchit, puis énonce un second mot qui rime avec le premier. C'est ensuite au tour du joueur suivant de citer un troisième mot qui rime, et ainsi de suite. Pour ne pas être éliminé de la chaîne, le défi est de réussir à trouver de nouvelles rimes sans répéter un terme qui a déjà été dit au cours de la partie. La tâche est donc plus difficile, car non seulement il faut identifier des mots qui terminent par un même son, mais en plus il faut être attentif aux mots des autres joueurs et parvenir à changer ce qu'on a en tête si cela vient d'être énoncé.

À retenir !

- Lorsque deux mots se terminent par un même son, ils « sonnent » de la même manière et produisent une rime.
- Jouer avec les rimes oblige les enfants à porter attention aux sons qui constituent les mots.
- Le premier apprentissage des rimes se fait grâce aux comptines et aux chansons. Il doit ensuite être entraîné jusqu'à ce que l'enfant les manipule sans difficulté. Pour cela, la modification de comptines et de chansons, la création de boîtes à rimes et la production de chaînes de rimes sont d'excellentes activités.

23 Jouer avec les sons

› Qu'est-ce qu'un son ?

La langue française se découpe en phrases, qui à leur tour se découpent en mots, puis en syllabes, qui elles-mêmes se divisent en sons. Le son est donc un morceau de syllabe et par conséquent, la plus petite unité de notre langue.

Exemple : La syllabe « bo » peut être décomposée en deux sons : le « b » et le « o ». Il s'agit bien des unités les plus petites puisque ni le « b » ni le « o » ne peuvent être encore divisés.

› Pourquoi améliorer la conscience des sons ?

Pour un jeune enfant, le son est difficile à manipuler car il s'agit d'une unité linguistique très petite qui s'entend difficilement. Il se concentre plus facilement sur les parties du langage qui attirent son attention, comme les mots ou les syllabes.

Pourtant, savoir diviser une syllabe en sons est une étape essentielle en lecture comme en écriture. Il suffit d'ailleurs d'un seul changement de son au sein d'un mot, pour que le mot entier change de sens. Prenons l'exemple d'une erreur fréquente chez les enfants dysorthographiques. Lors de l'écriture du mot *poule*, une erreur sur le premier son risque d'amener à une confusion avec le mot *boule*. C'est le cas de nombreux autres mots en français (pull/bulle, douche/bouche, danse/lance, etc.).

› Comment améliorer la conscience des sons ?

- **Dire le plus de mots qui commencent par...** Facile à mettre en place, cette activité a pour objectif de forcer l'enfant à réfléchir aux mots qu'il connaît, et à identifier parmi ceux-ci ceux qui commencent par un son choisi à l'avance. Par exemple, vous pouvez demander à votre enfant de vous dire des mots qui commencent par « j » ou par « b ».

Si vous désirez compliquer cette tâche, n'hésitez pas à rajouter des consignes supplémentaires. Par exemple, il s'agira de trouver exclusivement des animaux qui commencent par le son « m » (mouche, mouton, mouette...).

Si votre enfant a besoin de motivation pour se concentrer sur ce que vous lui demandez, le mieux est de lui inventer une histoire qui met cet exercice en contexte. Racontez-lui qu'il est en possession d'un coffre magique qui ne s'ouvre que si on prononce 15 mots qui commencent par « s ». Ou bloquez l'accès à une des pièces de votre maison, et ne le laissez passer que lorsqu'il aura trouvé 20 mots débutant par « v ». Les possibilités sont nombreuses. À vous d'identifier ce qui le motivera le plus.

Dans tous les cas, acceptez un nombre restreint de mots au début et augmentez vos exigences au fur et à mesure que votre enfant s'améliore. Faites également attention à ne pas le lasser; ne proposez cette activité que pendant de courts moments, et arrêtez dès que son intérêt diminue.

- **Les planètes en folie**. Pour encourager l'analyse des sons tout en stimulant la créativité, il n'y a rien de tel que le dessin. Demandez à votre enfant de dessiner des planètes peuplées d'habitants et d'objets dont les noms commencent par un même son. Supervisez son travail et aidez-le à remplir sa planète s'il est en manque d'idées. Une fois que son dessin est achevé, proposez à votre enfant de donner un nom à sa planète (qui commence par le même son évidemment!) et de vous raconter l'histoire des êtres qui y vivent.

Si vous désirez changer la consigne, les planètes peuvent alors abriter des habitants et des objets dont les noms **terminent** par un même son.

Exemple: Mathéo (6 ans) et son papa ont travaillé sur le son «p». Ils ont imaginé la planète Plurius, sur laquelle vivent des PluPlus (les petits monstres à un œil). On y retrouve des palmiers, mais aussi (du haut vers le bas, et de gauche à droite): un parapluie, du poulet (dans une assiette), un panda, un papillon, des poissons, un prince, une princesse, un palais, une piscine, du parfum et de la pluie.

• **Pareil ou pas pareil**. Voici à nouveau une activité rapide et facile à réaliser. Il s'agit simplement de dire deux mots à votre enfant et de lui demander s'ils commencent par le même son ou non. Il existe de multiples manières de personnaliser cette activité. Vous pouvez:

- citer exclusivement des mots faisant partie des passions de votre enfant;
- demander à votre enfant de ne rien dire oralement, mais de dessiner les mots qui commencent par un même son;
- ne citer aucun mot, mais lui montrer des images. À lui de déterminer ce qu'elles signifient et de décider si elles commencent par un son identique, etc.

- **Parler comme un robot**. Le but est d'obliger votre enfant à segmenter les mots en sons lorsqu'il parle. Plutôt que de lui demander de découper des mots les uns après les autres (ce qui risque fort de ne pas l'amuser), invitez-le à se transformer en robot pour quelques minutes. Si vous en avez, ajoutez des accessoires pour que cela fasse plus vrai, et expliquez-lui que les robots parlent de manière très particulière, en découpant tout ce qu'ils disent en tout petits morceaux. Ensuite, prenez quelques minutes pour converser à deux, comme des robots.

Exemples: chat → ch-a
maison → m-ai-s-on
papa → p-a-p-a
ouvrir → ou-v-r-i-r

À retenir !

- *Le son est un morceau de syllabe. Comme cette unité de la langue est très petite, les enfants la repèrent souvent mal, ce qui provoque des confusions en lecture et en écriture.*
- *Cette faiblesse est très fréquente chez les enfants dysorthographiques. Il est donc essentiel de consolider leur maîtrise des sons.*

FICHE

24 Améliorer le traitement auditif

› Pourquoi améliorer le traitement auditif ?

Le traitement auditif permet d'analyser et de reconnaître les bruits et les sons entendus. Au début de l'école primaire, cette compétence est fortement sollicitée; les élèves doivent apprendre à découper des mots, à reconnaître les sons qui les composent, puis à les traduire en lettres. Un traitement auditif trop imprécis implique automatiquement des erreurs, puisque l'enfant analyse mal ce qu'il entend, et par conséquent, l'écrit mal aussi.

Plusieurs aspects du traitement auditif doivent être entraînés et améliorés chez l'enfant dysorthographique:

- **la perception du rythme:** travailler la perception du rythme, c'est encourager le cerveau à mieux distinguer les sons qu'il entend. Cela améliore la syllabation, puisque le découpage en syllabes se fait de manière rythmée. Voilà pourquoi une meilleure maîtrise du rythme de la langue favorise l'apprentissage de la lecture et de l'écriture;
- **l'écoute:** prêter volontairement attention au monde sonore est la première étape de tout traitement auditif. Certains enfants ont besoin d'apprendre à écouter activement au lieu de simplement entendre les bruits ou les sons;
- **la discrimination auditive:** la discrimination auditive consiste à faire la différence entre des bruits ou des sons, même s'ils se ressemblent. Par exemple, l'enfant doit réussir à percevoir que «ba» n'est pas la même chose que «pa»;
- **l'analyse et l'identification des sons:** il s'agit d'apprendre à analyser ce qui est entendu pour y reconnaître un son, une syllabe ou un mot;
- **l'attention auditive:** l'attention auditive permet de porter une attention de qualité sur un support sonore. Elle est indispensable à l'écoute, mais également à la discrimination, à l'analyse et à l'identification des sons.

› Activités pour améliorer le traitement auditif

• **Identifier des bruits**. Pour réaliser cet exercice, vous aurez besoin d'objets pouvant émettre un son (ex.: une brosse à dents électrique, un paquet de chips, un rasoir, une horloge, etc.) et d'une couverture ou d'une cloison pour les cacher. Choisissez des objets du quotidien, que votre enfant connaît bien. Ensuite, bandez-lui les yeux (ou demandez-lui de les fermer) et assurez-vous qu'il ne voit plus rien. Choisissez un des objets et produisez son bruit. Demandez alors à votre enfant d'identifier de quel objet provient le son qu'il a entendu.

Le même exercice peut être proposé en situation concrète. Emmenez votre enfant dans différents environnements, bandez-lui les yeux et demandez-lui d'identifier les bruits qu'il entend autour de lui. Répétez cet exercice à la maison, au parc, en ville, à la campagne, au centre sportif, etc.

Si vous voulez aller encore plus loin, demandez à votre enfant de rechercher également d'où provient le bruit entendu. Était-il au-dessus de lui, en dessous, proche, éloigné, venant de la gauche, de la droite?

• **En musique**. Les chansons et les comptines sont des supports idéaux pour travailler le traitement auditif. Vous pouvez les utiliser de très nombreuses façons. Par exemple:

- utilisez-les pour développer la perception du rythme, en faisant frapper votre enfant dans ses mains en cadence;
- changer leur rythme pendant que vous les chantez. Accélérez-les (ou au contraire, rendez-les plus lentes) et demandez à votre enfant de continuer à chanter en suivant le nouveau rythme;
- servez-vous-en pour faire des devinettes. Choisissez des comptines avec des rythmes différents et marquez le rythme de chacune en frappant dans les mains avec votre enfant. Ensuite, éteignez la musique et faites deviner à votre enfant la comptine que vous avez choisie, rien qu'en frappant son rythme dans vos mains;
- chantez une chanson connue par votre enfant. Tout à coup, changez un des mots par un autre. Dès que votre enfant a repéré l'intrus, il doit lever sa main ou prononcer le mot correct s'il le connaît.

• **Avec une histoire**. Déterminez quel type de mots vous voulez que votre enfant repère. Il peut s'agir de noms d'animaux, de personnages, de véhicules, etc. Expliquez ensuite à votre enfant ce qu'il doit faire dès qu'il entend un mot de ce type. Par exemple, s'il entend le nom d'un animal, il doit aussitôt pousser son cri; si c'est le nom d'un véhicule, il fera son bruit; etc. Prenez un livre et lisez l'histoire tout en surveillant bien si votre enfant applique la consigne. N'hésitez pas à la changer en cours de récit pour que son attention auditive ne diminue pas au fil du temps.

• **Avec le corps**. Choisissez un son, une syllabe ou un mot et dites-le à votre enfant. Ensuite, prononcez plusieurs sons, syllabes, ou mots à la suite (selon ce que vous aurez choisi) sans vous arrêter. Dès que votre enfant entend le terme qui lui a été attribué, il peut avancer d'un pas (ou sauter en avant, faire un dessin sur sa feuille, faire une galipette, courir un tour du jardin, etc.). Cette activité est encore plus marrante lorsqu'elle est jouée avec plusieurs enfants à qui on attribue des sons différents.

Par ailleurs, si vous désirez travailler sur des bruits familiers, des sites Internet comme *www.orthosono.fr* permettent de sélectionner toute une série de bruits enregistrés et d'en faire une liste audio à diffuser. À vous d'y glisser le bruit qui devra faire réagir votre enfant. Et pour aller plus loin dans la discrimination auditive, choisissez des sons qui se ressemblent. Par exemple: plusieurs chants d'oiseaux, des sonneries différentes, des aboiements variés, etc.

Cette activité est très intéressante, car elle travaille plusieurs composantes du traitement auditif, tout en étant généralement fort appréciée de l'enfant puisqu'elle lui permet de bouger.

• **Les lotos sonores**. Les lotos sonores développent l'écoute, l'attention auditive, la discrimination et la reconnaissance des sons. La règle du jeu est simple: l'enfant doit identifier une série de sons enregistrés sur un CD ou une clé USB et les associer aux images qui sont illustrées sur des planches. Il existe de très nombreux lotos sonores dans le commerce, sur des thématiques variées: les bruits familiers, les animaux, etc. Si vous êtes bricoleur, vous pouvez en construire un vous-même. Utilisez des enregistrements sonores (vous trouverez tout ce qu'il vous faut sur Internet), puis composez des planches d'images illustrant tous les sons que vous aurez préalablement choisis.

• **Les dominos sonores**. Tous comme les dominos normaux, les dominos sonores se jouent en plaçant côte à côte ceux qui sont identiques. Toutefois, ce ne sont pas des dessins, mais bien des sons qu'il faut apparier. Les dominos sonores existent principalement sous une forme électronique ; on trouve des applications pour tablettes et smartphones ou des jeux en ligne sur Internet. Le *Fuzomino®* (Éditions Fuzeau) est une très chouette alternative pour ceux qui préfèrent les véritables jeux de société.

- **Les Memory® sonores**. Les Memory sonores se jouent comme les jeux de mémoire traditionnels, en essayant de constituer des paires de sons identiques. Sur Internet, on retrouve beaucoup d'applications de ce genre, qui permettent en plus de choisir le nombre de paires ou le niveau de difficulté des sons à reconnaître.

Les Memory® sonores ne sont pas oubliés dans les jeux de société. On retrouve par exemple : *Jeu des paires sonores®* (Goki), *Mémo sonore®* (Nathan), ou *Memory parlant®* (Ravensburger).

Vous pouvez également les construire vous-même avec des boîtes hermétiques opaques, comme les capsules d'œufs surprises ou les anciennes boîtes de pellicule photo. Pour le remplissage, choisissez différents matériaux afin de varier les sons. Par exemple : du riz, des grelots, du sable, etc.

À retenir !

- *Un traitement auditif imprécis provoque une mauvaise analyse des sons, et par conséquent, des erreurs en orthographe phonétique. Pour diminuer les difficultés de ce genre, il est indispensable de le rendre efficace le plus rapidement possible.*
- *Pour cela, proposez à votre enfant des activités qui entraînent les différentes composantes du traitement auditif : la perception du rythme, l'écoute, la discrimination auditive, l'analyse, l'identification des sons, et l'attention auditive.*

25 Améliorer le traitement visuel

› Pourquoi améliorer le traitement visuel ?

C'est avec ses yeux que l'enfant découvre comment les mots s'écrivent. S'il les analyse bien, il les lira correctement, et par conséquent mémorisera mieux leur orthographe. Le traitement visuel est donc un apprentissage de base très important, qu'il convient d'entraîner dès l'école maternelle.

Les enfants dysorthographiques ne sont souvent pas capables d'analyser correctement les signes écrits, c'est pourquoi ils ne parviennent pas à les orthographier. Heureusement, à l'aide d'exercices et d'activités ludiques, il est possible d'améliorer la qualité de leur traitement visuel.

› Développer des stratégies visuelles efficaces

Que font vos yeux quand vous lisez ? Facile ! Ils balayent la feuille dans un certain sens, à un certain rythme. Or, si cela vous paraît évident, ce n'est peut-être pas le cas pour votre enfant, surtout s'il est dysorthographique. Au contraire de l'écriture (où le geste se voit), peu de choses transparaissent durant la lecture. C'est pourquoi, dès le plus jeune âge, il est important d'expliquer clairement quelles sont les stratégies visuelles utilisées lorsqu'on lit[1].

Pour cela, chaque jour, prenez quelques minutes pour observer un livre et réfléchir avec votre enfant : *à quel endroit du texte commence-t-on à lire ? Dans quel sens va-t-on ? Où se trouve la fin d'une phrase ? Que font mes yeux pendant que je te lis l'histoire ?* Si vous procédez de cette manière depuis qu'il est petit, votre enfant comprendra rapidement comment il doit faire pour lire efficacement.

---

1. C'est d'autant plus vrai pour les enfants qui souffrent d'un trouble des apprentissages, car ils en sont souvent encore moins conscients que les autres.

› Améliorer l'observation et la discrimination visuelle

L'observation est la première étape de l'analyse visuelle. Il s'agit de regarder un support avec attention. La discrimination visuelle vient ensuite. Cela consiste à faire la différence entre des images ou des dessins, même s'ils se ressemblent. Cette compétence est essentielle, car elle permet de distinguer les lettres les unes des autres, et par conséquent, de les écrire sans les confondre. La discrimination visuelle intervient aussi lorsque l'enfant recherche la forme orthographique d'un mot dans sa mémoire. Sa recherche mentale doit être assez précise pour ne pas confondre deux mots qui se ressemblent, ce qui l'amènerait à écrire, par exemple, *chocolat* à la place de *cachalot*.

De nombreux livres et jeux permettent d'entraîner l'observation et la discrimination visuelle de manière ludique. Si vous désirez améliorer ces compétences, proposez à votre enfant :

- des jeux des sept erreurs ;
- des livres d'observation comme le célèbre *Où est Charlie ?* (Gründ), mais aussi les collections *La famille OUKILE* (Bayard Jeunesse) ou *Cherche et Trouve* (Auzou) ;
- des jeux d'observation comme *Le lynx*® ou *Le Lynx Géant*® (Éduca), *Cache-cache animaux*® (Ravensburger), *Dobble*® (Asmodee), *Jungle speed*® (Asmodee), *Colori*® (Gigamic), *Halli Galli Junior*® (Gigamic), ou *La rafle de chaussettes*® (Haba).

› L'attention visuelle

L'attention visuelle est la capacité à porter une attention de qualité sur un support visuel. La plupart des exercices décrits plus hauts requièrent ce type d'attention. Pour les compléter, proposez à votre enfant les jeux suivants :

- le jeu de Kim. Disposez plusieurs objets sur une table. Demandez à votre enfant de les mémoriser puis de fermer les yeux. Enlevez-en un et demandez-lui d'identifier l'objet disparu ;
- le jeu des images. Demandez à votre enfant de regarder attentivement une image et d'essayer de la mémoriser. Ensuite, cachez-la et posez-lui des questions à propos de celle-ci (Y avait-il un chien ? De quelle couleur était la maison ? etc.). Vous

pouvez aussi lui demander de vous décrire avec précision l'image cachée.

– les jeux de Memory®.

› S'entraîner à distinguer les lettres

En complément des activités décrites ci-dessus, il est important d'en proposer d'autres qui se concentrent sur la reconnaissance des lettres. En effet, plus l'enfant dysorthographique développera une analyse visuelle précise et performante des lettres, moins il les confondra lorsqu'il devra les écrire. Les exercices suivants vous aideront dans cette voie.

• **Trier des mots ou des lettres qui se ressemblent**. Pour cela, imprimez une série de mots ou de lettres dont l'apparence est proche (par exemple : *pomme* et *pompe*, *école* et *écolier*, «*p*» et «*q*», «*ou*» et «*on*», etc.) et découpez-les. Placez-les devant votre enfant et demandez-lui de regrouper tous les mots ou toutes les lettres identiques. Si vous disposez de lettres mobiles ou de cartons de mots, n'hésitez pas à les rajouter.

• **Repérer une lettre spécifique dans une phrase**. Choisissez la lettre dont vous voulez travailler la reconnaissance. Choisissez également une phrase ou un texte que vous donnez à votre enfant. Ensuite, demandez-lui d'entourer la lettre choisie chaque fois qu'il la repère. Si votre enfant éprouve des difficultés ou s'il vient de commencer à apprendre à lire et à écrire, fournissez-lui un modèle de la lettre à identifier.

• **Les mots cachés**. Vous en trouverez dans des magazines spécialement consacrés aux jeux de lettres, ou en grande quantité sur Internet.

• Certains livres proposent également une série d'**exercices visuels spécialement destinés à travailler la différenciation des lettres**, comme *Des jeux visuels pour devenir un bon lecteur* (éditions Retz).

À retenir !

- Le traitement visuel est un prérequis très important puisqu'il s'agit de la toute première étape de la lecture et par conséquent, de la première approche de l'orthographe des mots.
- Idéalement, cet apprentissage devrait être renforcé dès le plus jeune âge de l'enfant, en lui proposant différents jeux et activités. Mais le traitement visuel peut être amélioré à tout âge, à l'aide, par exemple, des activités décrites dans cette fiche.
- Il est aussi très important d'expliquer concrètement ce que font les yeux en situation de lecture, afin que des stratégies visuelles plus efficaces puissent être élaborées.

FICHE

26 Améliorer la structuration spatiale

› Qu'est-ce que la structuration spatiale ?

La structuration spatiale est la capacité à comprendre comment fonctionne l'espace autour de soi, à se représenter mentalement l'environnement qui nous entoure. Cette compétence suppose de pouvoir se repérer dans l'espace, s'orienter (ou orienter des objets) et s'y déplacer (ou déplacer des objets).

› Pourquoi améliorer la structuration spatiale ?

La structuration spatiale fait partie des prérequis nécessaires au développement de l'écriture et de l'orthographe. Un enfant qui maîtrise cette compétence analyse ce qu'il voit avec plus de précision. Il distingue mieux les lettres les unes des autres et par conséquent, améliore sa mémorisation des mots écrits.

Au contraire, des confusions comme le «b» et le «d» ou le «p» et le «q» indiquent souvent une mauvaise analyse de l'orientation des lettres, causée par une structuration spatiale faible. L'enfant ne perçoit pas dans quel sens les lettres sont orientées; il ne sait donc pas comment les tracer. Cette situation est fréquente en cas de dysorthographie.

› Prévenir les problèmes spatiaux

Il n'existe rien de tel que la prévention pour éviter l'apparition de futurs problèmes spatiaux. Voilà pourquoi on conseille de présenter aux enfants dès le plus jeune âge des jeux de triage de formes, d'encastrement ou des cubes à emboîter et empiler selon leurs tailles.

› Comment améliorer l'organisation spatiale ?

• **FAIRE VIVRE L'ESPACE DANS SON CORPS.** L'espace est un concept abstrait qui s'apprend avant tout par les impressions et les expériences vécues. Si vous voulez aider votre enfant à mieux le maîtriser, vous devrez dans un premier temps choisir des activités qui feront appel à son corps.

À la maison, sélectionnez une pièce calme et demandez à votre enfant de s'y déplacer. Après l'avoir laissé déambuler quelques secondes, émettez des observations à voix haute (Oh, tu t'approches de la lampe ! Tu es à côté de la porte. Le bureau est face à toi maintenant. Etc.). Passez ensuite à une phase plus active. Posez des questions à votre enfant sur sa position ou sur les objets qui l'entourent (Où te trouves-tu par rapport à la fenêtre ? Quelle direction devrais-tu prendre pour aller jusqu'à la porte ? Où est la poubelle ? Etc.). Enfin, émettez des consignes afin que votre enfant se déplace ou déplace des objets (Mets-toi à côté de la plante. Assieds-toi sous le bureau. Pose le verre à droite de l'ordinateur. Etc.).

Cette activité est intéressante, car elle travaille tant le vocabulaire spatial (à côté, loin, près, gauche, droite, etc.) que le repérage, la représentation et l'analyse de l'espace. En outre, elle se réalise très facilement dans n'importe quel endroit, et ce, même à l'extérieur.

Par ailleurs, la danse est une autre manière de ressentir les apprentissages spatiaux, surtout lorsqu'il s'agit d'apprendre une chorégraphie en copiant un modèle.

• **CRÉER DES TABLEAUX D'AUTOCOLLANTS.** Cette seconde activité travaille elle aussi de nombreux aspects de la structuration spatiale. Le principe est simple : utiliser des autocollants pour créer des tableaux colorés, tout en développant le vocabulaire spatial, le repérage, la représentation mentale et l'analyse de l'espace.

Concrètement, procurez-vous différents sets d'autocollants et des feuilles qui serviront de décors. Vous pouvez alors :

- soit laisser votre enfant décorer les feuilles à sa guise en lui demandant de vous décrire où il place ses autocollants ;
- soit lui donner des consignes précisant à quel endroit vous désirez qu'il colle ses autocollants.

› Exploiter le dessin sous toutes ses formes

Le dessin est une activité riche qui peut être utilisée de différentes manières.

- **Décrire un dessin**. Réalisez un dessin à l'abri du regard de votre enfant. Une fois que vous avez terminé, décrivez-le-lui le plus précisément possible. Votre enfant devra essayer de le reproduire grâce à vos explications. Progressivement, il apprendra à mieux comprendre le vocabulaire spatial utilisé, et à s'orienter dans l'espace de sa feuille selon vos consignes. Après quelques essais, n'hésitez pas à échanger vos rôles: c'est à votre enfant de décrire son dessin et à vous de le réaliser.

- **Recopier un dessin**. Avec ou sans quadrillage pour s'aider, recopier un dessin demande beaucoup d'analyse visuelle. Il s'agit aussi de s'orienter correctement sur sa feuille, en prenant pour exemple l'orientation des traits du modèle. Pour y arriver, votre enfant devra s'organiser de manière à commencer au bon endroit et à procéder de manière structurée.

- **Reproduire un dessin de mémoire**. Plus difficile, cette activité se fait en trois étapes. Montrez à votre enfant un dessin qu'il devra reproduire (choisissez-en un simple pour commencer). Laissez-le l'analyser aussi longtemps que nécessaire. Ensuite, cachez le dessin et demandez à votre enfant de reproduire ce dont il se souvient. À deux, vérifiez les éléments manquants et ceux présents.

- **Organiser une chasse au trésor.** Profitez d'un jour de beau temps pour développer la structuration spatiale de votre enfant en lui organisant une chasse au trésor à l'extérieur (ou à l'intérieur de la maison s'il fait mauvais). Pour cela, rassemblez quelques babioles et friandises qui constitueront le trésor. Cachez-le, puis écrivez une série de consignes spatiales permettant à votre enfant de s'orienter et de le retrouver. Pour varier, il est possible d'illustrer les consignes par des dessins, ou de les lui dire oralement.

Par exemple:

- sors de la maison par la porte de la véranda, et marche droit devant toi jusqu'à l'arbre;
- tourne à gauche et avance de deux pas en diagonale;
- sous le buisson, tu trouveras une clé qui te permettra d'ouvrir le coffre au trésor.

• **UTILISER DES JEUX DE SOCIÉTÉ**. De très nombreux jeux permettent d'améliorer la structuration spatiale. Parmi les plus connus, citons:

- *Rush Hour Junior®* (Think Fun), *Code Couleur®* (Smart Games), ou *Castle Logix®* (Smart Games);
- lorsqu'il réalise un *tangram*, l'enfant essaye de reproduire un modèle à l'aide de différentes pièces. Ce jeu stimule beaucoup l'organisation et le repérage spatial. *Tangoes®* (Smart Games) et *Katamino Junior®* (Gigamic) sont deux jeux vendus dans le commerce qui se basent sur le même principe;
- les labyrinthes sont une excellente alternative pour stimuler le repérage et l'organisation spatiale;
- *Atelier de repérage spatial®, Organicolor®* ou *Toporama®* (tous les trois de Nathan) sont des outils moins ludiques, mais néanmoins très efficaces;
- enfin, tous les jeux de construction développent non seulement les compétences spatiales, mais aussi la créativité et l'imagination des petits joueurs.

À retenir!

- La structuration spatiale fait partie des prérequis nécessaires au développement de l'écriture et de l'orthographe. Elle est souvent déficitaire chez les enfants dysorthographiques qui ne parviennent donc pas à analyser correctement les lettres et les mots écrits.
- Pour améliorer la structuration spatiale, il est important que l'enfant puisse la ressentir dans son corps. Par la suite, diverses activités et jeux l'aideront à poursuivre le développement de ses apprentissages spatiaux.

27 Mettre l'accent sur la lecture

FICHE

› Pourquoi insister sur la lecture en cas de dysorthographie ?

Lire constitue la porte d'entrée principale pour la mémorisation de l'orthographe. Pendant la lecture, les mots bien lus sont déjà appris une première fois par le cerveau. Il s'agit d'un apprentissage inconscient, indépendant de tout effort. De manière automatique, le cerveau photographie les termes qu'il parvient à déchiffrer. Même si ce n'est pas assez pour retenir définitivement comment ils s'écrivent, cela contribue à enrichir le lexique orthographique de l'enfant. Encourager la lecture des jeunes dysorthographiques serait donc une première étape dans le développement de leur orthographe.

› Lire tôt pour prévenir les problèmes futurs

Dès l'entrée à l'école primaire, les élèves à qui on a lu régulièrement des histoires progressent mieux que les autres. Plus un enfant est exposé tôt à l'écrit, plus il construit une relation solide avec le monde de la lecture et plus il développe une meilleure orthographe par la suite.

Grâce aux histoires lues par les parents, le vocabulaire du jeune enfant s'enrichit. Il s'habitue à différents types de phrases et d'expressions qui l'aideront à comprendre les textes lorsque cela sera son tour de lire comme un grand. Inconsciemment, le petit enfant construit ses premières traces orthographiques en observant les mots écrits sur les pages. Il les considère encore comme des images plutôt que comme une série de signes ayant un sens. Cependant, cela n'empêche pas son cerveau de commencer à mémoriser les suites de lettres qui apparaissent souvent.

Par conséquent, les enfants « à risque » (ceux qui souffrent d'un trouble du langage oral ou qui viennent d'une famille dans laquelle d'autres personnes souffrent de dyslexie ou de dysorthographie) devraient tous être confrontés à l'écrit, et ce, le plus vite possible.

› Transmettre l'envie de lire

Étant donné que la lecture joue un rôle essentiel dans le développement de l'orthographe, il est important de transmettre l'envie de lire aux jeunes enfants. Pour y arriver, l'attitude des adultes est cruciale.

- **Agissez comme un modèle**. L'entourage de l'enfant joue un rôle non négligeable sur son envie d'apprendre à lire et à écrire. Parmi cet entourage, les parents sont ses premiers modèles. S'il les voit lire et apprécier ces moments, il sera plus enclin à vouloir le faire lui aussi. Au contraire, un parent qui ne lit jamais et qui dit régulièrement qu'il n'aime pas ça aura plus de difficultés à transmettre l'envie de lire à son enfant.

- **Exagérez/montrez votre ressenti lorsque vous lisez**. L'enfant prend exemple sur son entourage. Ainsi, pour lui donner envie de lire, il suffirait de lui montrer notre propre plaisir de lecteur. Mais ce n'est pas si simple. Peu d'entre nous se laissent aller à rire franchement pendant la lecture d'un chapitre comique, ou à pleurer à chaudes larmes sur un ouvrage dramatique… Si le livre nous fait vivre de telles émotions, nous ne les laissons pas pour autant transparaître. Au contraire, la concentration nous fait souvent prendre une mine qui semble soucieuse. Si votre enfant est dans les parages, essayez d'agir différemment. Ne vous cachez plus et montrez-lui les sensations que vous procure votre livre. Cela devrait attirer son attention, susciter des questions, et peut-être faire naître un début d'envie de lire. À moins que ça ne vienne renforcer une envie déjà présente !

- **Discutez à table de vos dernières lectures.** Le principe est le même que dans le point précédent : votre enfant ne peut pas deviner ce qu'il se passe à l'intérieur de vous lorsque vous lisez. Dans ce cas, pourquoi ne pas tout simplement l'expliquer ? Pour mettre des mots sur vos ressentis, rien de tel que le moment du repas. Informel et convivial, le souper est idéal pour partager votre déception ou votre enthousiasme pour le dernier livre de tel auteur à la mode. L'ouvrage vous a perturbé, effrayé, enchanté ou bouleversé ? Discutez-en tous ensemble.

- **Allez à la bibliothèque**. Toutes les grandes villes et la plupart des villages possèdent une bibliothèque municipale. Dès que vous le pouvez, rendez-vous-y avec votre enfant. Il découvrira que les trésors contenus dans une bibliothèque publique sont plus nombreux que ceux qu'il possède à la maison. Lorsqu'il sera suffisamment grand pour demander des conseils, il appréciera de pouvoir s'adresser à des passionnés qui connaissent tout de la littérature qui l'intéresse. Et pour un prix très faible, il pourra retourner chez lui avec de nouveaux livres à chaque visite. Quant à vous, profitez-en pour emprunter quelques bouquins qui vous font de l'œil (on en revient au rôle d'exemple décrit plus haut...).

- **Souscrivez un abonnement à un magazine**. Certains établissements scolaires proposent aux parents des formules avantageuses permettant de s'abonner à des magazines pour enfants. Généralement, leurs prix sont moins chers puisque les commandes sont envoyées dans un même lieu. Si l'école de votre enfant ne propose pas ce genre d'arrangement, prenez l'initiative vous-même. Il existe de nombreux types de magazines. Qu'ils parlent d'animaux, de sciences, de princesses ou de superhéros, de religion, de musique ou qu'ils racontent des histoires, ciblez la série la plus proche des intérêts de votre enfant. Rien de tel que de recevoir un nouveau magazine chaque mois pour avoir envie de lire !

› Développer le plaisir de lire

Il ne suffit pas d'avoir envie de lire. Encore faut-il prendre du plaisir pendant la lecture. Cette recherche de plaisir est encore plus importante pour les enfants qui souffrent d'un trouble du langage écrit et qui risquent fort de se décourager rapidement s'ils ne trouvent pas d'attrait dans cette activité.

- **Variez les livres**. Souvenez-vous des livres d'histoires que vous lisiez à votre enfant lorsqu'il était en maternelle... N'étaient-ils pas beaux ? Colorés ? Originaux ? Quelle était sa réaction lorsqu'il les voyait ? Il était certainement très attiré par ces beaux objets. Et vous les lui présentiez sûrement avec plaisir. Cela a-t-il continué par la suite ? Il est fort probable que non. En effet, dès qu'un enfant commence à lire, on a tendance à lui présenter les mêmes types d'ouvrages. De format poche, ils comportent quelques illustrations au début, puis ne contiennent plus que du texte... Pourtant, la littérature jeunesse est très diversifiée. Il existe des livres de tous formats, sur tous les thèmes. Qu'ils soient en relief (*pop-up*), à toucher, à écouter, à admirer, ou qu'ils invitent à jouer, vous avez encore l'embarras du choix. Pourquoi faudrait-il, maintenant que votre enfant lit, faire l'impasse sur cette variété de livres ? Au contraire, c'est le moment de lui faire comprendre que lire peut continuer à être amusant. Partez donc à la recherche de bouquins qui l'aideront à développer son « capital plaisir ». Choisissez des thèmes différents, des mises en page originales, privilégiez tantôt la beauté du texte, tantôt la beauté du graphisme. Plus vous lui proposerez des livres différents, plus il saisira toute l'étendue de ce qui s'offre à lui: quels que soient son état d'esprit, son envie, ou son niveau, il y aura toujours au moins un livre qui l'intéressera.

- **Soulignez ce que chaque livre lui a apporté**. Après chaque lecture, attirez l'attention de votre enfant sur ce que le livre lui a apporté. Était-ce une histoire qui l'a fait rêver? A-t-il imaginé être quelqu'un d'autre? A-t-il appris de nouvelles choses sur le monde? Ou sur lui? Une question suffit généralement à souligner les bienfaits d'un livre.

- **Ne vous limitez pas aux livres**. Bien que le livre reste le support de prédilection, la lecture peut se faire par plusieurs autres canaux. Favorisez l'accès aux livres et faites en sorte que votre enfant en ait toujours à sa disposition. Dans un même temps, proposez-lui d'autres supports comme les magazines ou les journaux pour les jeunes. Il existe aussi de nombreux mangas et bandes dessinées de qualité, avec un texte élaboré et un vocabulaire bien choisi. Lecteurs électroniques, paroles de chansons, applications sur la tablette... ne fermez pas les possibilités sans avoir considéré objectivement les apports pédagogiques et le plaisir de lire que votre enfant pourrait y trouver. Il ne s'agit pas d'interdire automatiquement, mais plutôt de trouver une juste mesure.

À retenir !

- *La lecture a de nombreux bienfaits, dont celui de favoriser la mémorisation de l'orthographe des mots. Cette activité est donc à encourager dès le plus jeune âge et plus particulièrement chez les enfants dysorthographiques (ou à risque de développer ce trouble).*
- *Transmettre l'envie de lire et développer le plaisir de lire sont deux principes essentiels. Pour cela, prenez à cœur votre rôle de modèle et montrez à votre enfant à quel point vous aimez lire. Discutez de vos lectures respectives, emmenez-le à la bibliothèque et permettez-lui d'avoir accès à des livres variés. Enfin, ne rejetez pas automatiquement l'idée qu'il puisse lire autre chose que des livres.*

BIBLIOTHÈQUE
BOUCLE D'OR ET LES TROIS OURS

28 Entraîner la correspondance entre les sons et les lettres

› Pourquoi entraîner la correspondance sons-lettres ?

La première étape de l'écriture consiste à transformer les sons oraux en signes écrits. Fondamentale, cette démarche requiert beaucoup d'attention. Il faut, par exemple, identifier avec précision quel est le son entendu parmi tous ceux stockés dans le cerveau. Il faut aussi sélectionner la bonne manière de l'écrire sans confondre les lettres entre elles. En début d'apprentissage, ce processus coûte donc beaucoup d'énergie aux élèves. Heureusement, plus il est utilisé, plus il devient naturel. Au bout de quelques mois, les enfants écrivent phonétiquement sans trop d'efforts. Seules les correspondances irrégulières continuent à leur poser problème (ex. : le son « k » qui peut s'écrire « c », « q », « k », « ck », etc.), mais tout rentrera dans l'ordre avec des explications et un entraînement supplémentaires.

Pour les enfants dysorthographiques, c'est une autre histoire... Malgré de nombreux efforts, cet apprentissage ne s'automatise pas. Par conséquent, ils passent leur temps à chercher comment écrire les mots. Afin de les aider à développer une écriture de qualité, il est impératif de travailler activement avec eux pour qu'ils associent plus rapidement les lettres et les sons.

› Les principes du travail de la correspondance sons-lettres

L'apprentissage doit être explicite

Il ne suffit pas de familiariser l'enfant dysorthographique avec l'écrit pour qu'il comprenne comment la lecture et l'écriture fonctionnent. Si vous voulez que votre enfant fixe une fois pour toutes les liens entre les lettres et les sons, il faudra les lui expliquer clairement. Racontez-lui comment on utilise les lettres de l'alphabet pour écrire les sons qui construisent les mots. Nommez-les, montrez-les-lui, et produisez leurs bruits respectifs. Ensuite, utilisez les idées décrites dans les prochaines fiches pour automatiser ce lien entre les sons et les lettres. Votre enfant n'aura acquis cet apprentissage que lorsqu'il sera capable de prononcer le son d'une lettre dès qu'il la voit, et à l'inverse, d'écrire directement la ou les lettres qui correspondent à un son entendu.

Commencer par les correspondances régulières

Entraînez d'abord votre enfant à écrire les sons qui ne peuvent être écrits que d'une seule manière (ex.: «b», «v», «r», etc.). La mémorisation des associations sons-lettres plus complexes se fera par la suite, lorsqu'il maîtrisera mieux ce domaine (ex.: le «è» qui peut s'écrire «ai», «è», «ê», «et», etc.).

Associer d'autres sens à l'apprentissage classique des lettres

Nos cinq sens sont très importants puisqu'ils nous permettent de percevoir le monde qui nous entoure. Ils se révèlent également très utiles quand il s'agit d'éducation. On apprend mieux une information présentée de manière multimodale, c'est-à-dire, lorsqu'elle fait appel à plusieurs sens. En effet, ce type d'apprentissage stimule davantage d'aires cérébrales, ce qui améliore donc sa mémorisation.

À l'école, la lecture et l'écriture restent majoritairement enseignées par des méthodes visuelles et auditives. Or, les enfants dysorthographiques ont souvent besoin de différentes approches avant de parvenir à mémoriser le lien entre les sons et les lettres. La démarche scolaire classique ne leur suffit généralement pas; plus que quiconque, ils tireraient profit d'un apprentissage multisensoriel. En effet, ceux qui ont bénéficié d'un tel apprentissage éprouvent davantage de facilité par la suite. Lorsqu'ils entendent un son, ils savent plus rapidement comment l'écrire. Et inversement, lorsqu'ils voient une graphie, ils savent plus rapidement comment la prononcer.

Les fiches suivantes expliquent de quelle façon utiliser les sens de votre enfant pour renforcer sa connaissance du lien entre les sons et les lettres (voir les fiches 29, 30 et 31).

À retenir !

- Les élèves dysorthographiques éprouvent des difficultés pour retenir les correspondances entre les sons et les lettres. Or, la toute première étape de l'écriture est justement de savoir transformer les sons en signes écrits. L'amélioration de cette compétence doit donc devenir une priorité.
- Pour cela, il faudra toujours commencer à travailler les correspondances régulières avant les autres. Vos explications doivent être aussi claires que possible, et de préférence combinées à un apprentissage multisensoriel.

29 Mémoriser les correspondances sons-lettres grâce à la vision

› Utiliser un abécédaire

Qu'est-ce qu'un abécédaire ?

Les abécédaires sont des livres qui mettent l'alphabet en images. Les lettres y sont présentées en associant leur forme écrite (leur graphie) à une série d'images qui commencent toutes par le même son. Par exemple, une page consacrée au «a» reprendra le dessin d'un *arbre*, d'un *abricot*, d'un *avion* ou d'une *araignée*.

Pourquoi utiliser un abécédaire ?

Les abécédaires sont très efficaces puisqu'ils associent chaque lettre avec une ou plusieurs images dont les noms commencent par le même son. Chaque fois que le lecteur voit une des images, il dit son nom, oralement ou dans sa tête. Par conséquent, il prononce le son qui correspond à la lettre écrite, ce qui renforce le lien entre la graphie et le son oral.

Il est important de feuilleter ce genre de livre avec votre enfant dès son plus jeune âge. En procédant de la sorte, vous l'habituerez progressivement à comprendre les liens entre les lettres et les sons. Si votre enfant est plus âgé mais qu'il éprouve encore des difficultés pour écrire certaines lettres, n'ayez pas peur d'utiliser quand même un abécédaire. Il en existe aussi pour les plus grands, composés de dessins et de mots plus complexes.

Comment utiliser un abécédaire ?

Tout d'abord, prenez le temps de parcourir l'abécédaire comme un livre. Observez-le avec votre enfant en prenant soin de vous consacrer à une lettre à la fois.

Ensuite, exploitez l'abécédaire afin d'aider votre enfant à mémoriser le lien entre les lettres et les sons. Pour cela, demandez-lui :

- de nommer les lettres et les images qui leur correspondent ;
- de découper en syllabes le nom de chaque image ;
- de trouver dans quelle syllabe se trouve le son recherché ;
- d'identifier d'autres mots qui commencent par le même son.

Enfin, sélectionnez les pages qui correspondent aux lettres que votre enfant n'identifie pas bien. Photocopiez-les et affichez-les dans sa chambre pour qu'il les revoie régulièrement.

Si vous êtes motivé, pourquoi ne pas réaliser un abécédaire avec votre enfant ? Des feuilles, des magazines à découper, des crayons de couleur, des ciseaux et un peu de colle... il ne vous faudra pas grand-chose pour concevoir avec lui un livre complètement personnalisé. Vous pouvez aussi choisir des abécédaires à colorier. Internet regorge d'outils de ce genre qu'il ne vous restera plus qu'à imprimer.

› Utiliser des jeux

De nombreux jeux permettent d'améliorer la correspondance sons-lettres en faisant appel en priorité à la vision. Citons entre autres :

- le set de jeu *A,B,C*® (Djeco), qui offre une série de lettres mobiles aimantées à associer à des images également aimantées. Il s'agit par exemple de placer la lettre « f » à côté du petit fantôme, de la fraise ou de la fusée ;
- des jeux de cartes comme le *Cartatoto Alphabet*® (France Cartes) ;
- des dominos où il faut associer lettres et images, comme le *Domino Alphabet*® (Nathan) ou *Le domino des lettres*® (Les P'tits Incollables) ;
- des puzzles où il faut associer lettres et images, comme *Duolo Lettres*® (Nathan) ou *ABC*® (Ravensburger) ;
- des *lotos de lettres* ou des jeux des 7 *familles* (les 7 familles des lettres ou des sons). Si vous avez peu de chance d'en trouver en magasin, il y en a par contre énormément sur Internet. Généralement réalisés par des enseignants, ils sont téléchargeables gratuitement et n'attendent que quelques coups de ciseaux avant de pouvoir être utilisés.

À retenir !

- Grâce aux images qu'ils contiennent, les abécédaires sont d'excellents outils d'apprentissage. Pour chaque lettre de l'alphabet, ils aident le lecteur à savoir comment l'écrire et comment la prononcer. Ils stimulent donc autant la vision de l'enfant que l'audition des sons.
- À créer ou à acheter, de nombreux jeux permettent également d'entraîner le lien qui unit les lettres et les sons.

FICHE

30 Mémoriser les correspondances sons-lettres grâce aux lettres rugueuses

› Pourquoi utiliser des lettres rugueuses ?

Les lettres rugueuses facilitent l'apprentissage des correspondances sons-lettres grâce au travail des différents sens. En plus de la vue et de l'audition, elles stimulent également le toucher qui agit alors comme une sorte de ciment permettant de renforcer la mémorisation. En outre, lorsque l'enfant suit une lettre rugueuse avec son doigt, il se familiarise avec son geste d'écriture et apprend à la tracer.

Les lettres rugueuses constituent donc un matériel parfait pour renforcer les bases de l'écrit chez les jeunes dysorthographiques.

› À quoi ressemblent les lettres rugueuses ?

Réalisées dans du papier de verre, les lettres rugueuses sont généralement collées sur un support rigide (planches en bois ou carton). Celui-ci est peint en rose, en bleu ou en vert, selon qu'il s'agit de consonnes, de voyelles ou de groupes de lettres (ch, gn, ph, etc.). Les lettres rugueuses sont disponibles en écriture cursive ou imprimée. Habituellement, on conseille de commencer à travailler avec les lettres cursives, car elles sont les plus proches de l'écriture naturelle des enfants.

Les lettres rugueuses sont disponibles dans les commerces spécialisés (ou à commander sur Internet). Elles font parfois l'objet de livres, comme *Les lettres à toucher de Balthazar*[1].

› Créer des lettres rugueuses

- Vous vous sentez l'âme d'un bricoleur? Fabriquez vos lettres rugueuses vous-même! Si vous êtes patient, découpez-les dans du papier à poncer avant de les coller sur un support rigide que vous aurez précédemment peint. Mais attention, la tâche risque d'être longue et vos ciseaux seront certainement à jeter à la poubelle après ça!
- Vous pouvez aussi opter pour une solution plus simple: au crayon, tracez légèrement les lettres sur des feuilles de carton ou de fines planches de bois peintes dans la bonne couleur. Repassez sur chaque lettre avec de la colle (adaptée au support utilisé), puis saupoudrez le tout de sable. Une fois la colle séchée, enlevez le surplus de sable et admirez vos lettres rugueuses.
- Pour varier, remplacez le sable par n'importe quel élément intéressant à toucher (du sucre, du gros sel, du riz, des pompons, des paillettes, etc.). N'hésitez pas non plus à proposer à votre enfant de participer à la construction de ses lettres rugueuses.

› Comment se servir des lettres rugueuses?

Procédez de la manière décrite ci-dessous, en travaillant en priorité les lettres et les groupes de lettres que votre enfant ne parvient pas à écrire correctement.

Étape 1: associer les lettres à leurs sons

- Prenez les lettres rugueuses et asseyez-vous à côté de votre enfant.
- Choisissez trois lettres bien différentes et donc faciles à différencier les unes des autres. Exemple: «m», «v», «a».
- Avec votre doigt, suivez le tracé de la première lettre tout en prononçant le son. Veillez à toujours bien dire le son des lettres et non leur nom. Exemple: «m» sera dit «mmm» et non «me» ou «èm».

---

1. Marie-Hélène Place et Caroline Fontaine-Riquier, *Les lettres à toucher de Balthazar*, Hatier (2011).

- Éventuellement, citez un mot qui commence par le son de la lettre. Exemple: « m » comme *maman.*
- C'est au tour de votre enfant de toucher la lettre en prononçant le son associé.
- Si nécessaire, corrigez le sens de son tracé ou le son prononcé.
- Procédez de la même façon avec les deux lettres suivantes.

Étape 2 : reconnaître les lettres

- Reprenez les trois mêmes lettres qu'à l'étape 1.
- Demandez à votre enfant de désigner une lettre spécifique à partir du son qu'elle produit. Exemple: Quelle est la lettre qui fait « aaaa » ?
- Une fois qu'il a identifié la lettre recherchée, proposez à votre enfant de suivre son tracé rugueux en prononçant le son (pour renforcer sa mise en mémoire).
- Procédez ainsi avec les deux autres lettres.
- Les jours suivants, posez à nouveau cette question, en variant l'ordre de présentation des lettres.

Étape 3 : prononcer le son

- Reprenez les trois mêmes lettres qu'aux étapes précédentes.
- Désignez une des lettres et demandez à votre enfant quel son elle produit. Si nécessaire, corrigez-le.
- Proposez ensuite à votre enfant de tracer une nouvelle fois la lettre tout en prononçant le son.

À retenir !

- *Créées par Maria Montessori, les lettres rugueuses stimulent la vision, l'audition et le toucher. Elles enseignent le lien entre les lettres et les sons et aident à retenir le tracé de chaque lettre.*
- *Les lettres rugueuses peuvent être achetées ou créées. Habituellement, on les utilise en respectant trois étapes allant de la simple association des lettres avec leurs sons, à la reconnaissance des lettres puis à la prononciation des sons.*

31 Autres activités pour mémoriser les correspondances sons-lettres

› Former des lettres dans différentes matières

- Différentes matières peuvent être utilisées pour développer l'apprentissage multisensoriel des lettres et des sons. Par exemple, suggérez à votre enfant de tracer des lettres dans:
  - **du sable**: pas besoin d'être à la mer pour utiliser du sable; versez-en un petit peu dans un plateau;
  - **du riz**: tout comme le sable, disposez des grains de riz dans le fond d'un plateau afin que votre enfant puisse y tracer ses lettres;
  - **de la buée**: sur les miroirs de la salle de bain, les vitres de la voiture, près de la cuisinière...;
  - **de la mousse**: rien de tel que le moment du bain pour essayer de tracer des lettres dans la mousse. Même si la réussite n'est pas garantie, votre enfant s'amusera à relever le défi, et pendant ce temps-là, approfondira sa connaissance des correspondances sons-lettres;
  - **de l'eau ou de l'air**: dans ce cas, il s'agit surtout d'entraîner le mouvement nécessaire au dessin de la lettre, sans pour autant voir son tracé;
  - **de la neige ou de la boue** (en saison évidemment).

- Une fois que vous avez choisi la matière, déterminez comment procéder. À nouveau, plusieurs solutions sont possibles:
  - produire le son d'une lettre et demander à votre enfant de la tracer;
  - tracer une lettre et demander à votre enfant de dire le son qui lui correspond;
  - écrire plusieurs lettres, puis produire un son et demander à votre enfant de désigner celle à laquelle il correspond;

- demander à votre enfant de tracer sa lettre préférée;
- écrire une lettre et demander à votre enfant de citer plusieurs mots qui commencent par son son.

› Jouer avec les sens

• **Reconnaître des lettres à l'aveugle**. Munissez-vous de lettres mobiles que vous dispersez sur une table. Bandez ensuite les yeux de votre enfant et proposez-lui d'identifier les lettres qu'il touche. Chaque fois qu'il croit en reconnaître une, demandez-lui de produire son son à voix haute.

Toujours à l'aveugle, complexifiez le jeu en demandant à votre enfant de partir à la recherche d'une lettre précise.

• **Utiliser le corps.** Tracez une lettre dans le dos de votre enfant et demandez-lui de la deviner. Ensuite, changez de rôle: c'est à lui de tracer une lettre dans votre dos, et à vous de prononcer le son correspondant. Pour varier, soyez créatifs et changez les endroits où vous dessinez les lettres (sur le dos de la main, sur l'avant-bras, dans le cou, sur le haut du crâne...).

• **Écouter et bouger**. Choisissez une série de lettres à imprimer en grand (une seule lettre par feuille de papier). Répartissez-les ensuite sur le sol d'une pièce (ou dehors s'il fait beau). Expliquez alors la consigne à votre enfant: dès que vous lui direz un son, il devra courir le plus vite possible jusqu'à la feuille qui correspond à la manière de l'écrire. Ce jeu est idéal pour jouer à plusieurs. Chaque joueur tente alors d'être le premier à atteindre la lettre recherchée.

› Faire appel à la créativité

- Proposez à votre enfant de reproduire les lettres ou les groupes de lettres qui lui posent problème à l'aide de pâte à modeler. Vous pouvez aussi utiliser de la pâte à sel, de la terre glaise, ou toute autre substance de ce genre.
- Si votre enfant aime bricoler, dites un son à voix haute et mettez-le au défi de construire la ou les lettre(s) correspondante(s) à l'aide de bouts de bois, de cure-dents ou de pailles.
- Imprimez une des lettres qui pose problème à votre enfant puis proposez-lui de la décorer comme il le souhaite. Papier crépon, paillettes, sable coloré, feutres... tout est bon pour qu'il la personnalise et s'approprie son écriture.
- Prononcez des sons et suggérez à votre enfant d'écrire les lettres correspondantes à l'aide de différents instruments (ses doigts, des pinceaux de toutes les tailles, des craies, des pastels, des bonbons, etc.) et sur différents supports (des feuilles colorées, du carton ondulé, du bois, du papier aluminium, etc.).
- Prononcez des sons et suggérez à votre enfant de les tracer en marchant sur le sol. Ses pieds doivent emprunter le même trajet que prendrait son stylo s'il les écrivait sur une feuille.

À retenir !

Le toucher et le mouvement sont des aides précieuses pour aider l'enfant en difficulté à retenir les correspondances entre les lettres et les sons... Qu'il s'agisse d'utiliser différentes matières, de jouer avec les sens ou de faire appel à la créativité, cette fiche offre quelques idées d'activités permettant de consolider cet apprentissage fondamental.

FICHE

32 Mémoriser l'orthographe des mots grâce à la vue

Certains élèves ont une mémoire visuelle : ils retiennent plus facilement ce qu'ils voient. Si c'est le cas de votre enfant, les stratégies décrites ci-dessous l'aideront à progresser en orthographe lexicale.

› Comment procéder ?

- **Écrivez sur un papier le mot dont votre enfant doit apprendre l'orthographe**. Il est important que votre écriture soit la plus lisible possible afin de faciliter la lecture et la reconnaissance des lettres.

- **Demandez à votre enfant de lire le mot à voix haute**. Contrôlez sa lecture, et au besoin, corrigez-la.

- **Vérifiez la compréhension du mot** en demandant à votre enfant de vous l'expliquer ou de le placer dans une phrase.

- **Demandez à votre enfant de poser son regard sur chacune des lettres** qui composent le mot.

- **Posez des questions à votre enfant pour l'aider à analyser visuellement le mot** :
  - À propos de son apparence générale : est-il long ? Court ? Possède-t-il des lettres qui vont vers le haut ? Vers le bas ? Est-il composé ? A-t-il une forme particulière ?
  - À propos de l'enchaînement des lettres : par quoi commence le mot ? Par quoi finit-il ?
  - À propos de l'orthographe : y a-t-il des difficultés particulières dans ce mot ? Peut-on les expliquer grâce aux régularités orthographiques (voir la fiche 35) ? Y a-t-il des lettres muettes ? Des doubles consonnes ? Des sons complexes ? S'agit-il d'un mot complètement irrégulier ?

- **Demandez à votre enfant d'écrire le mot sur une feuille**, en recopiant les lettres une par une. Surveillez qu'il n'agit pas de manière mécanique, sans y prêter d'attention. Cela ne servirait à rien d'autre qu'à lui faire perdre du temps et de l'énergie.

- Revenez au mot que vous avez écrit et demandez à votre enfant de le regarder attentivement, de manière à pouvoir **le prendre en photo avec ses yeux**.

- **Il faut maintenant que votre enfant se crée une image mentale de ce mot**. Pour cela, demandez-lui de fermer ses yeux et d'essayer de le voir dans sa tête.

- **Pour augmenter la précision de cette image mentale, demandez à votre enfant d'épeler les différentes lettres du mot**. S'il s'en sort bien, suggérez-lui d'épeler une lettre sur deux, ou d'épeler le mot à l'envers. Ces deux tâches demandent beaucoup d'énergie, mais elles favorisent une meilleure visualisation et par conséquent, une meilleure mémorisation.

- **Demandez à votre enfant d'écrire le mot travaillé**, sans modèle cette fois-ci. Vérifiez directement si l'orthographe est correcte.

- **Automatisez l'écriture du mot, en suggérant à votre enfant de l'écrire plusieurs fois, dans des contextes différents**. Par exemple, proposez-lui de l'insérer au sein d'une phrase, de vous l'envoyer par SMS ou par mail, d'en faire un jeu de mots, etc.

- **Les jours qui suivent, révisez ce mot à de multiples reprises**. Il s'agit de le faire revenir plusieurs fois dans la mémoire afin d'ancrer sa mémorisation. Progressivement, espacez les révisions.

Remarques:

Cette démarche décrit comment étudier l'orthographe d'un mot en stimulant la vision. Très efficace, elle nécessite toutefois du temps et ne correspond pas à tous les enfants ni à toutes les situations. Utilisez-la de manière flexible en ajoutant des conseils issus d'autres fiches et en supprimant ceux qui ne vous semblent pas applicables.

Quelle que soit votre progression dans cette démarche, dès que votre enfant se trompe, corrigez sa réponse et revenez à la quatrième étape afin qu'il reprenne le processus de visualisation au début.

› Dessiner les difficultés orthographiques

Le principe

La méthode décrite ci-dessous aide l'enfant à mémoriser les mots qui lui posent problème en y associant des dessins ou en illustrant leurs difficultés. Elle est largement inspirée de l'ouvrage *L'orthographe illustrée* (S. Valdois, M.-P. De Partz, X. Seron et M. Hulin, 2003), qui reprend des dessins illustrant les particularités orthographiques d'environ 200 mots français.

Comment procéder ?

- **Choisissez un mot que votre enfant ne parvient pas à écrire et identifiez ce qui lui pose problème.**

- **Écrivez le mot en grand sur une fiche cartonnée, de façon bien lisible.**

- Avec votre enfant, réfléchissez au moyen **d'illustrer la difficulté**. Guidez-le afin que les dessins choisis gardent un lien direct avec le mot à écrire.

- **Demandez à votre enfant de réaliser ces dessins.** Aidez-le si nécessaire.

- **Travaillez la mémorisation du mot et de l'image en posant des questions à votre enfant.** Demandez-lui de regarder attentivement sa fiche, d'épeler le mot écrit, de décrire les dessins qui s'y trouvent, d'expliquer pourquoi ils ont été réalisés, etc.

- **Cachez la fiche et faites en sorte que votre enfant la visualise mentalement.** Pour cela, posez-lui les mêmes questions qu'à l'étape précédente, mais avec la fiche hors de sa vue.

- **Rassemblez les fiches de votre enfant dans un classeur** afin d'en faire un répertoire qu'il pourra utiliser en cas de besoin. Ressortez-les de temps en temps pour des révisions ponctuelles.

Utilité de cette démarche

Cette manière de faire est très efficace, car elle encourage un travail actif de l'orthographe : à partir du moment où l'enfant recherche comment illustrer les difficultés orthographiques d'un mot, il se concentre sur la façon correcte de l'écrire et commence donc à le mémoriser.

Une fois terminées, les fiches restent un outil précieux pour réviser l'orthographe. Dès qu'il les parcourt, les dessins captent le regard de l'enfant et attirent son attention sur les particularités orthographiques qui lui posaient problème. Comme les images sont plus faciles à retenir que les mots, elles jouent le rôle d'aide-mémoire : lorsque le jeune doute de l'orthographe d'un mot, il lui suffit de se remémorer ce qu'il avait dessiné pour se rappeler comment l'écrire. Enfin, ce procédé est souvent très apprécié car il fait appel à la créativité.

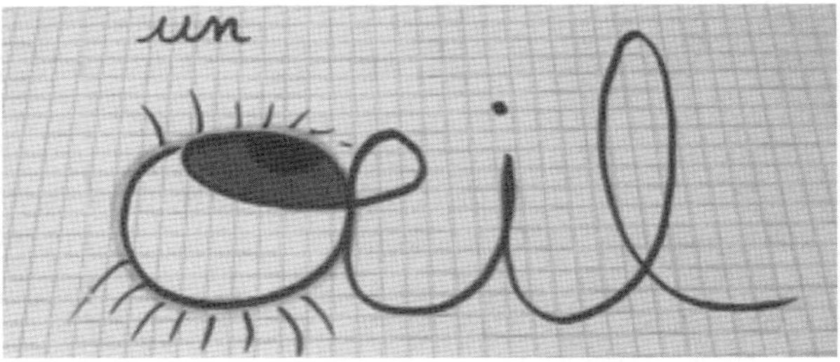

Illustration de la difficulté présente dans le mot « œil ».

Illustration du sens des accents dans le mot « élève ».

DÉVELOPPER L'ORTHOGRAPHE LEXICALE

Illustration du mot « femme » (irrégulier).

Illustration de la difficulté présente dans le mot « sœur ».

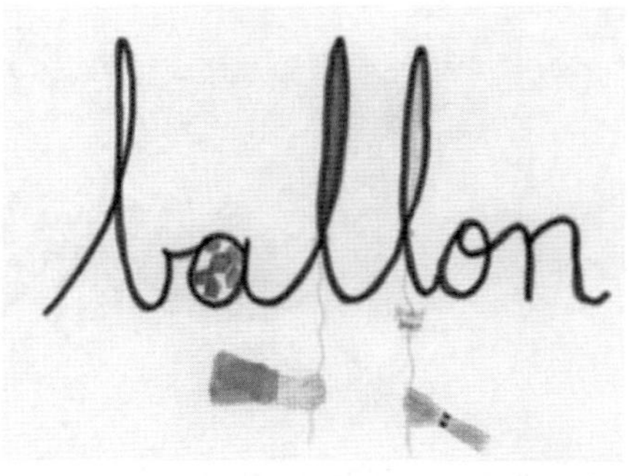

Illustration de la difficulté présente dans le mot « ballon ».

› Autres démarches visuelles

La mémorisation visuelle de l'orthographe peut également être développée à l'aide d'outils technologiques.

Certains sites web offrent la possibilité d'écrire en trois dimensions (3D). Les «grands enfants» et les adolescents apprécieront d'y écrire leurs mots, de pouvoir les visualiser sous toutes leurs coutures, ou de les réviser de cette manière.

Plus traditionnels, les logiciels de présentation comme PowerPoint® ou Keynote® offrent une autre possibilité de travailler l'orthographe. Plusieurs utilisations sont possibles: reprendre la démarche expliquée au début de cette fiche en écrivant les mots sur ces logiciels; écrire et animer les mots à apprendre; réaliser une présentation sur base des termes à connaître; etc.

À retenir !

- Certains enfants apprennent plus facilement l'orthographe lexicale lorsque les apprentissages font appel à leur vue. Dans ce cas, les démarches de visualisation sont très efficaces.
- Elles peuvent être utilisées de manière plus scolaire, en procédant étape par étape. Cette façon de faire est surtout utile pour l'apprentissage de nouveaux mots.
- Employées ponctuellement ou pour réviser, d'autres démarches visuelles basées sur le dessin ou les nouvelles technologies font également leurs preuves.

FICHE

33 Mémoriser l'orthographe des mots grâce à l'ouïe

Les personnes qui ont une mémoire auditive retiennent plus facilement ce qu'elles entendent. Si c'est le cas de votre enfant, les méthodes décrites ci-dessous l'aideront à développer son orthographe lexicale.

› Comment procéder ?

- **Écrivez sur un papier le mot** dont votre enfant doit apprendre l'orthographe et prononcez-le.

- **Demandez à votre enfant de dire le mot à voix haute**. Assurez-vous que sa prononciation soit bonne. Si ce n'est pas le cas, il risque de déformer le mot lorsqu'il l'écrira.

- **Vérifiez la compréhension du mot** en demandant à votre enfant de vous l'expliquer ou de le placer dans une phrase.

- **Demandez à votre enfant de décomposer le mot en syllabes**.

- **Demandez à votre enfant d'observer le mot** et de citer à voix haute chacune des lettres qui le composent en les prononçant bien distinctement.

- **Posez des questions à votre enfant pour l'aider à analyser auditivement le mot**.
  - À propos des sons et des syllabes : par quel son commence le mot ? Par quel son finit-il ? Combien y a-t-il de syllabes ? Combien y a-t-il de sons ? Avec quels autres mots peut-on faire des rimes ?
  - À propos de l'orthographe : y a-t-il des difficultés particulières dans ce mot ? Peut-on les expliquer grâce aux régularités orthographiques (voir la fiche 35) ? Y a-t-il des lettres muettes ? Des doubles consonnes ? Des sons complexes ? S'agit-il d'un mot complètement irrégulier ?

- **Demandez à votre enfant de copier le mot sur une feuille, en prononçant à voix haute chaque lettre qu'il écrit.** De votre côté, commentez oralement les particularités du mot. Exemple: «Ah, tu viens d'écrire deux «t» car il y en a deux dans *grotte.*» «*Hérisson* commence par «h», même si on n'entend pas cette lettre muette.»

- **Plusieurs fois de suite, demandez-lui de lire le mot à voix haute, puis de citer les différentes lettres qui le composent.**

- **Il faut maintenant que votre enfant se crée une représentation sonore du mot.** Pour cela, demandez-lui de se parler mentalement et d'évoquer dans sa tête toutes les particularités orthographiques de ce mot.

- **Repassez à l'écrit (car après tout, c'est le but de l'orthographe) en demandant à votre enfant d'écrire le mot travaillé sans s'aider du modèle.** Faites-le prononcer les lettres au fur et à mesure qu'il les trace, afin qu'il les retienne plus facilement. Quant à vous, vérifiez directement si l'orthographe est correcte.

- **Automatisez l'écriture du mot, en suggérant à votre enfant de l'écrire plusieurs fois, dans des contextes différents.** Par exemple, proposez-lui de l'insérer au sein d'une phrase, de vous l'envoyer par SMS ou par mail, d'en faire un jeu de mots, etc.

- **Les jours qui suivent, révisez ce mot à de multiples reprises** afin d'ancrer sa mémorisation. Peu à peu, espacez les révisions.

- **Progressivement, apprenez aussi à votre enfant à intérioriser son langage.** S'il a besoin de parler pour retenir les caractéristiques des mots, apprenez-lui à le faire de moins en moins fort, jusqu'à ce qu'il raisonne exclusivement dans sa tête.

Remarques:

La démarche expliquée ci-dessus s'utilise seule, ou en complément de la méthode visuelle décrite dans la fiche précédente.

Dès que votre enfant se trompe, corrigez sa réponse et revenez à la quatrième étape afin qu'il reprenne le processus d'analyse auditive depuis le début.

› Faire appel à des aide-mémoire

Les aide-mémoire sont des phrases qu'on se répète à voix haute (ou dans sa tête) pour faciliter la mémorisation de certaines informations. Ils sont très efficaces car ils ajoutent du sens aux difficultés orthographiques qui semblent justement ne pas en avoir du tout. Cependant, ils ne fonctionnent qu'à condition d'être utilisés ponctuellement. Tous les mots de la langue ne peuvent pas être mémorisés avec des aide-mémoire; cela surchargerait la mémoire qui n'y ferait pas appel efficacement. Par contre, cette technique est très utile pour mémoriser l'orthographe des mots qui posent problème.

Exemples d'aide-mémoire:

- on met toujours un «s» à *toujours*;
- mourir ne prend qu'un «r» car on meurt une seule fois;
- je viens de m'apercevoir qu'il n'y a qu'un «p» à *apercevoir*.

› Créer ses propres astuces pour améliorer sa mémoire

Les aide-mémoire les plus connus ne conviennent pas à tout le monde. Ils ne seront peut-être pas efficaces pour votre enfant. Dans ce cas, essayez plutôt d'inventer avec lui des astuces de mémorisation spécifiques à ses besoins et à sa personnalité. N'hésitez pas à faire appel à l'humour. Ce sont souvent les idées les plus farfelues qui sont les mieux retenues!

- **Inventer des aide-mémoire créés par votre enfant.** Exemple: Il y a un «s» à *palais*, car un palais est un bâtiment très grand dans lequel il y a beaucoup de pièces.

- **Associer le mot qui pose problème à une rime que votre enfant sait écrire et qui s'orthographie de la même manière.** Exemple: *Bille* s'écrit comme *fille*. *Bateau* s'écrit comme *chapeau*.

- **Inventer une phrase** composée de plusieurs mots qui ont une même particularité orthographique. Exemple: Regarde! Cet *homme* grand *comme* une *pomme* a volé ma *gomme*!

- **INVENTER UNE HISTOIRE** qui explique l'orthographe du mot qui pose problème. Exemple: C'est l'histoire d'un enfant qui se trompait tellement souvent lorsqu'il voulait écrire le mot *cauchemar*, que pendant la nuit, il en rêvait encore. Il en faisait des cauchemars, des cauchemars énormes et effrayants, au cours desquels il était poursuivi par la lettre «d» fâchée d'être tout le temps écrite alors qu'elle n'apparaît pas dans ce mot!

- **ENFIN, LES PLUS CRÉATIFS SE LAISSERONT PEUT-ÊTRE TENTER PAR LA CRÉATION D'UNE COMPTINE** qui explique la particularité orthographique du mot difficile.

À retenir !

- *Il est tout à fait possible d'aider votre enfant à retenir l'orthographe lexicale grâce à son ouïe. Il s'agit de lui proposer une démarche qui l'amènera à analyser les différents sons qui composent un mot, à s'en faire une représentation sonore, puis à utiliser la répétition pour mémoriser l'enchaînement des lettres.*
- *Des astuces mnémotechniques complètent cet apprentissage avec efficacité, à condition qu'elles soient utilisées ponctuellement.*

34 Mémoriser l'orthographe des mots grâce au toucher

Certains enfants n'apprennent jamais aussi bien que lorsqu'ils peuvent bouger, sentir, toucher. Ils ont besoin d'utiliser leur corps pour apprendre. Dans ce cas, la mémorisation de l'orthographe lexicale peut être améliorée en utilisant le mouvement pour compléter les procédures visuelles et auditives décrites dans les fiches précédentes.

› Que mettre en place ?

• **VIVRE LE DÉCOUPAGE DES MOTS**. L'objectif est d'amener votre enfant à découper le mot qui lui pose problème afin de faciliter son écriture par la suite. Mais plutôt que de simplement lui demander de citer les parties qui composent ce mot, suggérez-lui de vivre ce découpage autrement. Par exemple, proposez-lui de sauter sur place ou d'avancer d'un pas chaque fois qu'il identifie une syllabe ou un son.

• **RÉPONDRE AVEC DES LETTRES MOBILES**. La manipulation de lettres mobiles aide souvent à mémoriser l'orthographe. Les possibilités sont multiples: recopier ou écrire un mot à l'aide de ces lettres, les remettre dans le bon ordre, etc. Vous pouvez aussi cacher des lettres mobiles dans la pièce où vous travaillez et demander à votre enfant de partir à la recherche de celles qui composent un mot précis. Par exemple, si vous lui demandez quelles sont les lettres nécessaires pour écrire *poubelle*, il devra les chercher un peu partout dans sa chambre, vous les apporter, et les placer ensuite dans l'ordre devant vous.

• **SE DÉPLACER JUSQU'À LA BONNE ORTHOGRAPHE**. Si vous travaillez les homophones (par exemple *ver*, *verre*, *vert*, *vers*), écrivez-les sur de grandes feuilles que vous répartissez ensuite un peu partout dans la pièce. Expliquez le premier mot à votre enfant et demandez-lui de se placer le plus vite possible près de la fiche qui reprend l'écriture correspondant à votre définition. Par exemple, si vous évoquez un petit animal qui vit dans la terre, votre enfant devra se rendre près de la fiche *ver*, mais éviter *verre*, *vert* ou *vers*.

• **Écrire les mots dans différentes matières**. Pour automatiser l'orthographe d'un mot, il faut que votre enfant l'écrive plusieurs fois correctement. Suggérez-lui de le faire en l'écrivant dans différentes matières (dans les airs, dans du sable, du riz...). Chaque fois qu'il trace une lettre du mot, insistez pour qu'il se concentre sur son mouvement. S'il le souhaite, il peut prononcer simultanément les sons, afin de renforcer son sens auditif.

Toujours selon le même principe, faites-en un jeu où l'un de vous écrit le mot sur le dos de l'autre, qui s'amuse alors à le deviner.

• **Écrire les mots à l'aide d'objets**. Pour varier, proposez à votre enfant d'écrire les mots récalcitrants à l'aide de différents objets. Non seulement il s'amusera certainement, mais en plus il s'entraînera à manipuler l'orthographe de ces mots et stimulera en même temps son analyse sonore et visuelle. Succès assuré pour l'écriture à l'aide de pâte à modeler, de briques Lego®, d'animaux miniatures, de perles à enfiler, de fils à tordre, etc.

• **Inventer des gestes**. Si votre enfant se trompe systématiquement dans l'orthographe d'un mot, suggérez-lui d'inventer un geste pour chacune de ses lettres. Par exemple, le «s» pourrait être représenté par un mouvement de vague avec le corps, puisque cette lettre ondule; le «ch» pourrait être représenté par un doigt posé sur les lèvres, comme lorsqu'on demande à quelqu'un de se taire; le «a» étant une grosse lettre, l'enfant pourrait la reproduire en se mettant en boule; etc. Ensuite, répétez la succession correcte des lettres du mot, en enchaînant les gestes que vous avez inventés. Amusez-vous alors à vous faire deviner d'autres mots en mimant les lettres nécessaires à leur écriture.

À retenir !

L'orthographe s'apprend aussi de manière kinesthésique, en utilisant les mouvements et le toucher pour aider la mémoire. Si cette démarche ne suffit généralement pas lorsqu'elle est utilisée seule, elle complète parfaitement les démarches auditives et visuelles décrites dans les fiches précédentes.

NEIGE
M.M

35 Les régularités orthographiques

› Les régularités orthographiques... qu'est-ce que c'est ?

La langue française est remplie de régularités, c'est-à-dire de circonstances dans lesquelles un son a tendance à s'écrire de la même façon. Il ne s'agit pas d'une règle à proprement parler, mais bien d'une tendance à adopter une même orthographe pour une même situation.

Par exemple, une consonne n'est généralement pas doublée en début ou en fin de mot, mais bien au milieu :

- **pp**atin → impossible
- classeu**rr** → impossible
- ca**rr**é → possible

› Comment se développent les régularités orthographiques ?

Chez la plupart des enfants, les régularités s'acquièrent sans effort particulier. Plus ils lisent, plus ils les rencontrent au sein des mots, plus ils savent comment les écrire. Ainsi, entre « ppatin », « classeurr » et « carré », la majorité des élèves de CP[1] savent déjà que « carré » est le seul mot bien écrit.

Malheureusement, ce n'est pas le cas de l'enfant dysorthographique. Il a besoin que ces régularités lui soient clairement expliquées avant de parvenir à les retenir.

1. CP en France, 1re primaire en Belgique, en Suisse et au Canada.

› Pourquoi les régularités orthographiques sont-elles importantes ?

Les régularités permettent d'écrire sans faute près de 90 % du contenu d'un mot. Elles constituent donc une véritable aubaine pour l'enfant dysorthographique, qui diminue drastiquement ses erreurs une fois qu'il les maîtrise. Écrire devient plus facile dès qu'il réussit à automatiser les régularités de sa langue. Voilà pourquoi il est primordial de lui expliquer comment elles fonctionnent et comment les utiliser.

› Comment apprendre ces régularités ?

Il est important de procéder avec méthode. De manière générale, ne présentez à votre enfant qu'une seule régularité à la fois afin qu'il puisse entièrement se concentrer dessus. Commencez par les régularités les plus simples; les exceptions et les cas plus complexes seront vus dans un second temps:

- fournissez une explication claire, en veillant à ce que votre enfant comprenne bien quand chaque régularité s'applique;
- une fois la régularité expliquée, écrivez quelques mots en exemple et demandez à votre enfant d'en identifier d'autres. Il peut les rechercher mentalement, dans des livres, des feuilles de cours, etc.;
- votre enfant devra alors exercer la régularité que vous venez de voir. Pour cela, dictez-lui des mots qui y font appel, mais restez près de lui et guidez-le lorsqu'il les écrit.

› Quelques régularités fréquentes

Les régularités orthographiques sont tellement nombreuses qu'il est impossible de toutes les décrire ici. À titre d'exemple et pour montrer leur étendue, nous en avons repris quelques-unes parmi les plus fréquentes.

Les groupes de lettres

Régularité: En français, certains groupes de lettres sont plus fréquents que d'autres. Par exemple, le «wt» n'apparaît jamais, tandis que «pr», «es», ou «ent» sont des enchaînements habituels.

Remarque : Expliquez à votre enfant les enchaînements de lettres qui sont possibles ou non. Même si cela vous parait tout à fait logique que « phrd » n'existe pas en français, le jeune dysorthographique n'en a généralement pas conscience tant qu'on ne le lui explique pas clairement. Et tant qu'il ne le sait pas, il ne corrigera pas ce type de faute lorsqu'il l'écrit.

Les redoublements de consonnes

Régularité 1 : Il n'y a pas de redoublement de consonnes dans les syllabes du type : « cr », « gr », « tr », « br », etc.

Exemples : **cr**ayon, é**cr**ivain, a**gr**iculteur, **gr**ammaire, ac**tr**ice, au**tr**ement, a**br**i, li**br**e, etc.

Régularité 2 : La plupart du temps, on double les consonnes que lorsqu'elles se trouvent entre deux voyelles.

Exemples : a**ll**ume**tt**e, sa**ll**e, ra**pp**ort, gri**pp**e, bo**tt**e, gou**tt**e, ca**rr**é, ba**rr**age, fla**mm**e, co**mm**ent, etc.

Remarque : Lorsque votre enfant hésite à doubler une consonne, faites-le vérifier si elle est entourée par deux voyelles. Si ce n'est pas le cas, il y a peu de chance pour que sa lettre doive être écrite deux fois. Il peut donc se concentrer sur l'orthographe du reste du mot.

Régularité 3 : Quand un mot commence par « ap », « at », « af » ou « ac », on double généralement la consonne.

Exemples : a**pp**artement, a**pp**areil, a**tt**acher, a**tt**irer, a**ff**iche, a**ff**reux, a**cc**ident, a**cc**ordéon.

Remarque : Apprenez à votre enfant à repérer les mots qui commencent par ces syllabes afin qu'il prenne l'habitude de doubler la consonne.

Les accents

Régularité: Lorsqu'il est suivi d'un «r», le son «ai» s'écrit avec un «e» sans accent.

Exemples: f**e**rme, aub**e**rge, hi**e**r, b**e**rger, av**e**rtir, c**e**rf, m**e**rcredi, ap**e**rcevoir, etc.

Remarque: Les jeunes dysorthographiques n'analysent souvent pas bien les mots et ne perçoivent donc pas le «r» nécessaire à l'application de cette régularité. Lorsqu'il écrit, aidez votre enfant en attirant son attention sur la lettre qui suit le son «ai».

La place des lettres dans le mot

Régularité 1: Au début d'un mot, le son «o» s'écrit souvent «au». Lorsqu'il est à la fin, il s'écrit généralement «eau».

Exemples: **au**tomobile, **au**teur, **au**tant, **au**gmenter, bat**eau**, chât**eau**, rad**eau**, gât**eau**, etc.

Régularité 2: Au début du mot, le son «k» s'écrit souvent avec un «c». À la fin, le son «k» s'écrit généralement avec un «que».

Exemples: **c**abane, **c**ouleur, **c**ave, **c**orps, **c**oncombre, cir**que**, ban**que**, pani**que**, mathémati**que**, etc.

À retenir !

- *Les régularités orthographiques permettent d'écrire environ 90 % du contenu d'un mot. Elles sont donc très utiles pour améliorer l'orthographe lexicale.*
- *Pour aider l'enfant dysorthographique à les acquérir, il est nécessaire d'agir progressivement et avec méthode.*

FICHE

36 Connaître les préfixes et les suffixes

› Qu'est-ce que c'est ?

Les préfixes et les suffixes sont des groupes de lettres qu'on ajoute en début ou fin de mot pour en changer le sens. Comme leur nom l'indique, ils ont une forme fixe, c'est-à-dire qu'ils sont toujours écrits de la même manière. Les préfixes se trouvent au début des mots, tandis que les suffixes sont à la fin.

Quelques préfixes fréquents

Préfixes	Signification	Exemples
in	non, pas	inaction, inefficace, inacceptable, inutile
pré	avant	préfixe, préhistoire, prévoir, préadmission, préchauffer
re	répétition	retourner, revenir, revendre, reboucher
sur	au-dessus, supérieur, très	surdoué, surcharger, surestimer, surligner
mal	contraire, opposé	mal-être, mal-aimé, malheureux, maladroit, malchance
para	se protéger contre...	parasol, parapluie, paratonnerre, parachute, paravent

Quelques suffixes fréquents

Suffixes	Signification	Exemples
ette	petit	camionnette, tablette, vachette, maisonnette
logie	sciences	psychologie, écologie, astrologie, cardiologie
on	petit d'un animal	chaton, oisillon, ourson, girafon
eur	métier au masculin	instituteur, soudeur, docteur, conducteur
man	homme de...	rugbyman, businessman, tennisman, barman
mètre	mesure	centimètre, kilomètre, chronomètre, baromètre

› Quelle est leur utilité ?

Les préfixes et suffixes permettent une meilleure compréhension des mots. Ils sont également utiles à l'écrit: dès qu'on a mémorisé leur orthographe, ils aident à écrire correctement le début ou la fin des termes qui les contiennent.

> Exemple: un enfant qui sait écrire *mètre*, pourra se concentrer exclusivement sur l'orthographe de la première partie des mots *centimètre* ou *baromètre*.

De plus, les préfixes évitent souvent les erreurs de redoublement de consonnes, puisqu'ils sont généralement ajoutés aux mots sans autre modification.

> Exemples: ***in****utile* et non ***in****nutile*; ***re****tourner* et non ***re****ttourner*; ***mal****adroit* et non ***mal****ladroit*; etc.

› Comment les travailler ?

- **Soyez explicite**. Prenez quelques secondes pour expliquer clairement le rôle des préfixes et des suffixes à votre enfant. Précisez qu'ils s'écrivent généralement toujours de la même manière et peuvent donc l'aider à améliorer son orthographe.

- **Partez des besoins de votre enfant**. Sélectionnez un préfixe ou un suffixe qu'il utilise régulièrement, qu'il ne parvient pas à écrire, ou qui se trouve dans un texte qu'il doit étudier.

- **Faites réfléchir votre enfant**. Trouvez plusieurs mots qui contiennent le préfixe/suffixe choisi. Prononcez-les à haute voix et demandez-lui d'identifier la base de chacun de ces mots.

> Exemple: la base de relire est lire, la base de relever est lever, etc.

- **Proposez à votre enfant de trouver de nouveaux mots qui contiennent le préfixe ou le suffixe choisi** (par exemple, en les cherchant dans ses feuilles de cours ou ses manuels scolaires). Travaillez la compréhension de ces termes, puis leur orthographe.

- **Synthétisez afin que votre enfant comprenne bien ce qui vient d'être vu**. Énoncez le préfixe ou le suffixe choisi, expliquez-lui son sens et montrez-lui comment il s'écrit. Créez ensuite une fiche récapitulative qui reprend l'ensemble des mots travaillés, accompagnés ou non d'illustrations. De telles fiches favorisent la mémorisation visuelle et constituent un support auquel votre enfant pourra se référer en cas de doute.

• **Entraînez cette démarche afin qu'elle devienne naturelle pour votre enfant.** Il doit pouvoir y faire appel de lui-même lorsqu'il écrit. Pour cela, quand plusieurs préfixes et suffixes auront été vus, proposez-lui les exercices suivants.

> Exercice 1 : Enlever le préfixe ou le suffixe de mots afin de trouver leur base.
>
> Exercice 2 : Prendre un mot de base et lui ajouter des préfixes et des suffixes afin de voir les combinaisons possibles ou non. Exemple : ***re****tourner* existe, *tourn****age*** existe, mais *tourn****ette*** n'existe pas.
>
> Exercice 3 : Ajouter les préfixes et les suffixes connus à des mots pour en inventer des nouveaux qui n'existent pas. Exemple : une *baleinette* est une petite baleine ; le *prépleure* est le moment où une personne s'apprête à pleurer, etc.

À retenir !

- *Les préfixes et les suffixes sont des groupes de lettres qui changent le sens des mots. Ils s'écrivent toujours de la même façon et permettent donc d'améliorer l'orthographe lexicale.*
- *Il est nécessaire d'amener votre enfant à réfléchir aux préfixes et suffixes qu'il écrit, de lui expliquer clairement leur rôle, puis d'entraîner leur orthographe et d'en faire une synthèse.*

FICHE

37 Les règles intra-mots

› Qu'est-ce que c'est ?

Les règles intra-mots organisent la place des lettres au sein des mots. Elles expliquent pourquoi certaines lettres se changent en d'autres, en fonction du contexte. L'exemple le plus connu est certainement celui du « n » qui se transforme en « m » devant un « p » ou un « b ».

› Quelques règles fréquentes

Règles	Exemples
Le « n » se transforme en « m » devant « p » ou « b ».	cha**mp**ion, co**mp**let, te**mp**s, e**mp**loyer, co**mb**ien, ja**mb**on, ti**mb**re, so**mb**re, etc.
Entre deux voyelles, le son « zzz » s'écrit « s » tandis que le son « sss » s'écrit « ss ».	poi**s**on, cou**s**in, épui**s**é, a**s**ile poi**ss**on, cou**ss**in, pa**ss**er, adre**ss**e
Entre une voyelle et une consonne, ou entre deux consonnes, le son « sss » s'écrit toujours avec un seul « s ».	mou**s**tache, con**s**truire, tran**s**former, po**s**te, ma**s**que, etc.
Le « g » est dur devant « a », « o », « u ». Mais il se prononce plus doucement devant « e », « i », « y ».	**ga**ra**ge**, **go**rille, fi**gu**re an**ge**, **gi**rouette, **gy**mnastique, etc.
Le « c » est dur devant « a », « o », « u ». Mais il se prononce plus doucement devant « e », « i », « y ».	**ca**rtable, **co**chon, **cu**ltiver **ce**rise, **ci**tron, bi**cy**clette, etc.

› Comment se développe l'apprentissage de ces règles ?

Les règles intra-mots ne s'acquièrent pas naturellement ; les enfants ont besoin d'apprendre comment elles fonctionnent et comment les utiliser. Elles deviennent ensuite de plus en plus familières, à force de les rencontrer en lisant ou en écrivant.

Comme les autres, l'enfant dysorthographique a besoin que ces règles lui soient expliquées clairement. Toutefois, il devra s'entraîner plus longuement avant de réussir à les appliquer correctement.

› Pourquoi ces règles sont-elles importantes ?

Tout comme les régularités, les règles intra-mots s'appliquent plus de 90 % du temps. Les retenir et savoir s'en servir permet donc de limiter les fautes d'orthographe.

› Comment apprendre ces règles ?

Les règles intra-mots sont généralement apprises à l'école. Si votre enfant ne les a pas comprises ou s'il ne parvient pas à les utiliser, réexpliquez-les-lui. Pour cela, le mieux est de partir de ses cours et de revoir une règle à la fois. Vous passerez à la suivante lorsque la première sera comprise et appliquée.

Procédez ensuite comme suit.

- **FOURNISSEZ UNE EXPLICATION CLAIRE**. Expliquez clairement la règle travaillée, en veillant à ce que votre enfant comprenne bien quand et comment l'appliquer.

- **MONTREZ L'EXEMPLE**. Une fois la règle expliquée, mettez-la en pratique en adoptant vous-même les attitudes que vous voulez que votre enfant développe. Par exemple, écrivez quelques mots en expliquant à voix haute comment vous procédez, quelle règle vous utilisez, et pourquoi vous y faites appel. N'hésitez pas non plus à utiliser des contre-exemples.

  Exemple : J'écris *chambre* avec un « m » car il est devant le « b », mais j'écris un simple « n » dans *lapin*, car il n'est pas suivi d'un « p » ni d'un « b ».

- **SYNTHÉTISEZ LA RÈGLE**. Pour aider votre enfant à bien retenir la règle intra-mot, réalisez avec lui une synthèse la plus simple possible. N'y indiquez pas les exceptions ; la priorité est qu'il écrive efficacement la majorité des mots.

Cette synthèse peut prendre différentes formes. Elle peut être écrite, dessinée, organisée sous la forme d'un MindMapping, enregistrée sur une clé USB, etc.

- **Faites appel à l'imagination de votre enfant**. Pour l'aider à visualiser mentalement la règle travaillée, suggérez-lui de l'illustrer avec des dessins, d'inventer une histoire, de créer des rimes, etc.

- **Entraînez votre enfant en le guidant**. Demandez-lui maintenant d'écrire des mots qui font appel à cette règle, mais restez près de lui et guidez-le lorsqu'il le fait. Intervenez s'il est sur le point de se tromper, et encouragez-le si sa réponse est juste mais qu'il n'est pas sûr de lui.

Progressivement, espacez votre aide mais restez à sa disposition en cas de question ou de doute.

- **Rappelez les règles au moment opportun**. Par la suite, dès que votre enfant doit écrire quelque chose, rappelez-lui les règles travaillées. S'il s'apprête à se tromper en appliquant l'une d'entre elles, arrêtez-le et demandez-lui de revoir ses synthèses.

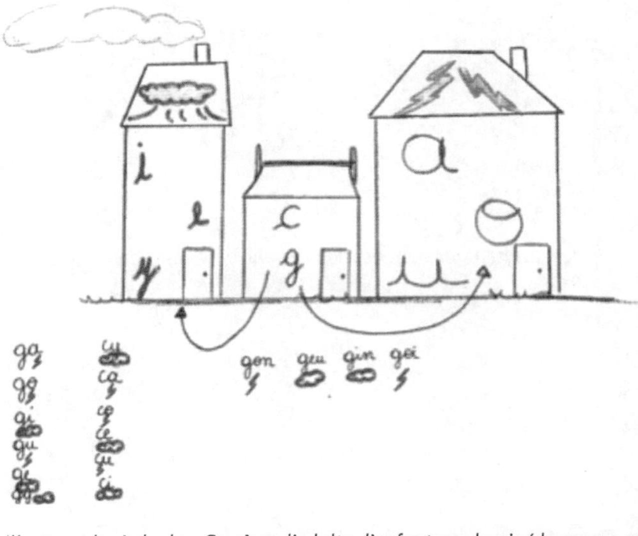

Fiche illustrant la règle du « G ». Avec l'adulte, l'enfant y a dessiné la grosse maison des lettres qui produisent un « g » dur (comme l'orage), et la fine maison des lettres qui produisent un « g » doux (comme le vent).

Fiches facilitant la mémorisation visuelle de la règle du « s »-« ss ».

Fiche illustrant une histoire selon laquelle le « n » est malheureux d'être rejeté par le « p » et le « b ». Il voudrait être plus fort et demande donc à un magicien de lui rajouter un pont. Depuis ce jour, le « n » se transforme en « m » devant « p » et « b ».

À retenir !

- L'orthographe de l'enfant dysorthographique s'améliore significativement lorsqu'il apprend à réfléchir à la manière d'écrire les mots, en utilisant par exemple les règles intra-mots.
- Ces règles ne s'acquièrent pas spontanément, il faut un apprentissage formel avant de savoir les utiliser correctement. Une fois qu'elles sont maîtrisées, elles s'appliquent sans encombre dans une majorité des cas.

FICHE

38 Dérivation et familles de mots

› Utiliser la dérivation

Qu'est-ce que c'est ?

La dérivation est un procédé qui consiste à rajouter un suffixe à la fin d'un mot, à changer son genre ou à en faire un verbe, pour comprendre comment l'écrire correctement.

Exemples :
- accor**d** → accorder
- refu**s** → refuser
- acciden**t** → accidentel
- blan**c** → blanche
- violen**t** → violente
- débu**t** → débuter
- diffu**s** → diffusion
- enfan**t** → enfantin

Exemples d'exceptions :
- cauchemar (sans « d » !) → cauchemarder
- entrepô**t** → entreposer
- numéro (sans « t » !) → numéroter

Quelle est son utilité ?

Dériver un mot permet d'entendre comment écrire ses lettres finales, et par conséquent, de diminuer les erreurs qui concernent sa terminaison. Bien qu'il y ait des exceptions, ce procédé fonctionne pour plusieurs milliers de mots en français. Il facilite la vie des élèves dysorthographiques dès le moment où ceux-ci parviennent à l'utiliser.

Comment travailler la dérivation ?

- **EXPLIQUEZ CLAIREMENT À VOTRE ENFANT CE QU'EST LA DÉRIVATION**, à quoi elle sert, et comment l'utiliser.

- **PRENEZ QUELQUES EXEMPLES SIGNIFICATIFS AFIN D'ILLUSTRER VOS PROPOS.**

- **DEMANDEZ À VOTRE ENFANT D'IDENTIFIER DES MOTS QUI PEUVENT ÊTRE DÉRIVÉS DANS SES PRODUCTIONS ÉCRITES, SES FEUILLES DE COURS ET SES ANCIENNES DICTÉES.** Pointez les fautes qui auraient pu être évitées s'il avait utilisé ce procédé.

- **DICTEZ-LUI ENSUITE QUELQUES MOTS** qu'il doit dériver s'il veut connaître leurs terminaisons.

- **PAR LA SUITE, DÈS QUE VOTRE ENFANT ÉCRIT QUELQUE CHOSE, RAPPELEZ-LUI L'EXISTENCE DE CETTE TECHNIQUE.** Si vous voyez qu'il est sur le point de se tromper, arrêtez-le et faites-le réfléchir en lui demandant de dériver le mot problématique.

- **ENFIN, SI VOTRE ENFANT SE SERT D'UN GUIDE DE RELECTURE (VOIR LA FICHE 48), INSCRIVEZ-Y QUELQUES MOTS À PROPOS DE LA DÉRIVATION** afin qu'il y pense lorsqu'il vérifie son orthographe.

› Utiliser les familles de mots

Qu'est-ce que c'est ?

Il s'agit de regrouper au sein d'une même famille, des mots qui partagent une même particularité orthographique. Cette technique se base donc sur la ressemblance entre les mots; elle ne prend pas en compte leur sens, ni leur fonction orthographique (nom, verbe, etc.).

Exemples de familles de mots possibles:

- dans la famille des «tion», on retrouve *action*, *récréation*, *opération*, etc.;
- dans la famille des «ph», on retrouve *photographe*, *phoque*, *dauphin*, etc.;
- dans la famille des «omme», on retrouve *homme*, *pomme*, *gomme*, etc.;

- dans la famille des « ard », on retrouve *canard, foulard, vieillard,* etc. ;
- dans la famille des « ain », on retrouve *pain, main, bain,* etc.

Quelle est l'utilité des familles de mots ?

Ce procédé aide l'enfant dysorthographique à mémoriser l'orthographe des mots qui lui posent problème en les reliant mentalement à d'autres mots qu'il sait écrire. Regrouper les mots qui ont une même particularité orthographique, les illustrer et les insérer dans des phrases facilite leur mémorisation en ajoutant un support visuel et du sens.

Cette technique est toutefois moins fiable que la dérivation. Elle doit donc être utilisée lorsque les démarches qui font appel à la réflexion ne fonctionnent pas.

Comment travailler les familles de mots ?

- **Choisissez une famille de mots avec laquelle commencer ce travail**. Pour cela, partez d'un mot que votre enfant n'est pas parvenu à écrire dernièrement et demandez-lui d'en trouver d'autres qui comportent la même particularité orthographique.

- **Prenez note de ce que dit votre enfant, et proposez-lui de rassembler le tout sous la forme d'une fiche.**

- **Écrivez la particularité orthographique en grand, puis demandez à votre enfant d'écrire les autres mots qu'il vient de citer**. Si son écriture n'est pas facilement lisible, écrivez ces mots à sa place afin qu'il ne perde pas trop de temps à les déchiffrer par la suite.

- **Proposez alors à votre enfant d'illustrer les mots écrits** sur la fiche, puis d'inventer des phrases à partir de ces mots et de les écrire également.

- **Procédez de cette manière dès que nécessaire**. Classez les fiches réalisées dans un classeur ou un répertoire que vous laisserez à portée de votre enfant.

- **Ponctuellement, demandez-lui de revoir ses fiches**. Il suffit de les parcourir et de laisser les yeux associer les dessins entre eux, pour que le cerveau se rappelle quels sont les mots qui s'écrivent de la même façon.

- À l'avenir, si vous constatez que votre enfant s'apprête à se tromper dans l'orthographe d'un des mots travaillés, **arrêtez-le et demandez-lui de consulter ses fiches**.

Quelques exemples de fiches réalisées

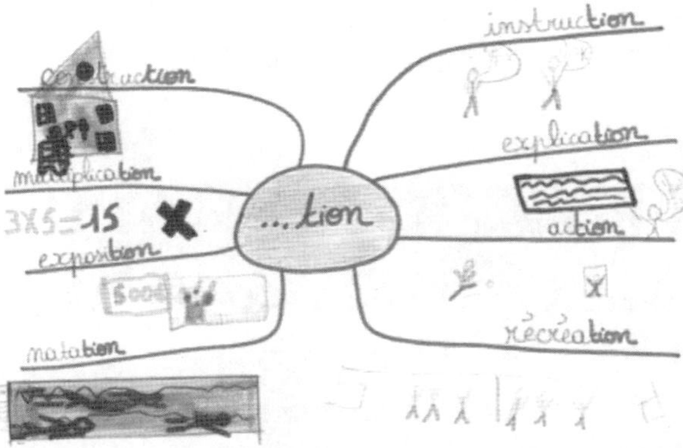

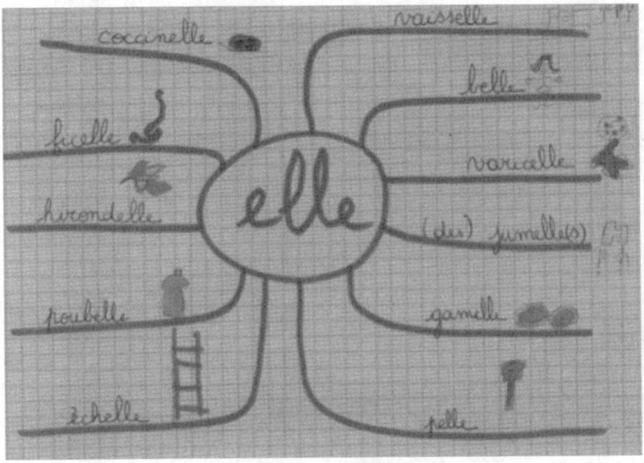

Je prends un bain dans un train, avec mon
copain qui a du pain dans sa main, et un
nain.

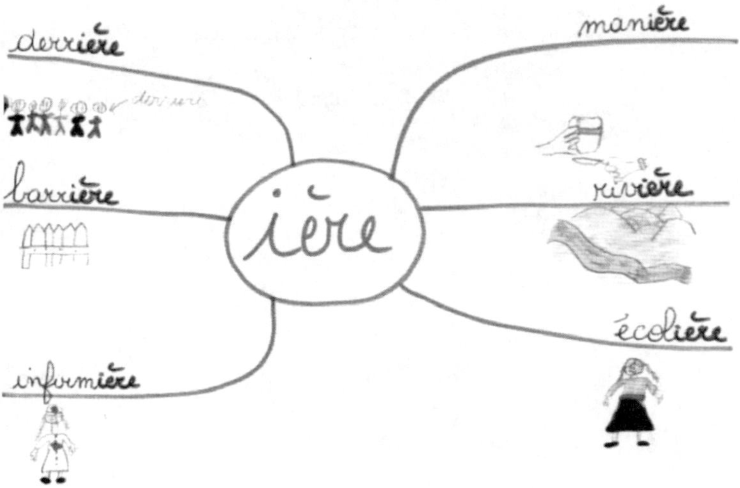
derrière
manière
barrière
ière
rivière
écolière
infirmière

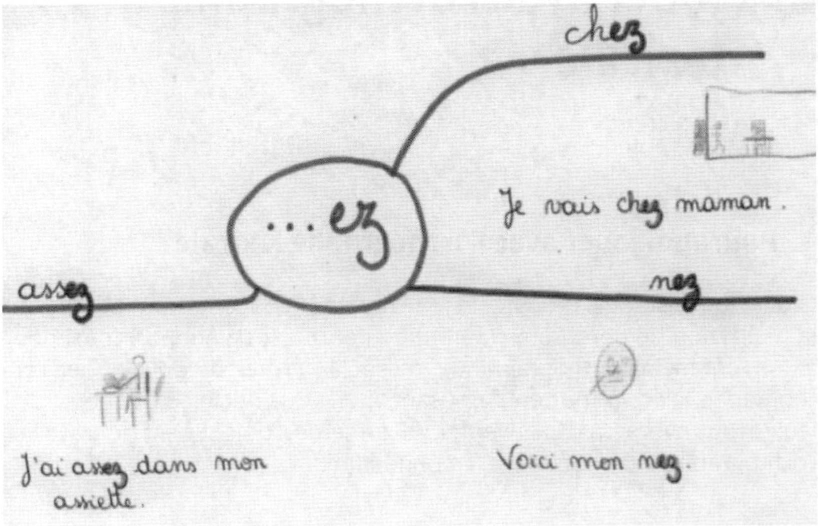

À retenir !

- La dérivation et la création de familles de mots sont deux procédés qui permettent d'améliorer l'orthographe lexicale.
- La dérivation utilise la réflexion pour faire deviner les lettres muettes de fin de mots.
- Quant à elles, les familles de mots permettent de rattacher l'orthographe d'un mot inconnu à d'autres mots déjà connus par l'enfant.

39 Jouer avec l'orthographe lexicale

› Pourquoi jouer avec l'orthographe lexicale ?

Grâce au plaisir qu'il procure, le jeu stimule la concentration et favorise la réalisation de nombreux apprentissages. C'est un support idéal pour aider l'enfant dysorthographique, puisqu'il permet de développer l'orthographe lexicale tout en s'amusant. Que vous décidiez d'acheter des jeux « tout faits » ou d'en inventer vous-même, l'objectif est de travailler l'orthographe des mots dans la bonne humeur.

› Idées de jeux

• Ping-pong de mots

Matériel nécessaire : Une balle de ping-pong (ou toute autre balle pas trop encombrante).

Comment y jouer ?

Choisissez un mot à réviser et dites-le tout haut.

Prenez la balle de ping-pong en mains et prononcez la première lettre du mot.

Faites rouler la balle sur la table jusqu'à votre enfant. Dès qu'il l'attrape, il doit prononcer la seconde lettre du mot.

Votre enfant vous renvoie alors la balle. Une fois que vous l'avez attrapée, c'est à vous de dire la lettre suivante.

Procédez ainsi jusqu'à ce que toutes les lettres du mot aient été épelées, puis choisissez-en un nouveau.

Variantes : Jouez à ce jeu à l'extérieur, en shootant à tour de rôle dans une balle ou en la lançant au loin. Il s'agit alors de crier les lettres qui composent le mot choisi à partir de l'endroit où la balle est récupérée.

Si votre enfant s'en sort bien, demandez-lui d'épeler les mots à l'envers, ou de n'épeler qu'une lettre sur deux. Il sera obligé de se représenter encore plus précisément leur orthographe.

• Avalanche de dés

Matériel nécessaire: Des dés sur lesquels il est possible d'écrire des consignes (on en trouve en magasin de bricolage, de jeux ou sur Internet. Il s'agit de dés vierges en bois ou en plastique, ou de dés dont les faces sont en ardoise).

Comment y jouer ?

Écrivez une consigne sur chaque face d'un dé. Celles-ci ont pour objectif d'aider votre enfant à visualiser l'orthographe de mots qu'il ne connaît pas bien. Elles sont aussi utiles pour rafraîchir dans sa mémoire les mots déjà connus.

Exemples de consignes:

- Épelle le mot à l'endroit.
- Épelle le mot à l'envers.
- Combien de lettres y a-t-il dans le mot ?
- Écris le mot sur une feuille.
- Trace le mot dans mon dos.
- Dis la 3e lettre du mot (la 1re, la 2e, etc.).
- Écris le mot en fermant les yeux.

Énoncez le premier mot à revoir et demandez à votre enfant de lancer le dé.

Lisez la consigne à voix haute et proposez à votre enfant de l'appliquer au mot qui vient d'être dit.

Si sa réponse est correcte, félicitez-le et passez à un autre mot. Si ce n'est pas le cas, corrigez-le, montrez-lui le mot correctement écrit, et interrogez-le à nouveau un peu plus tard.

Variantes: Dessinez sur des cartons les mots à partir desquels vous souhaitez travailler. Avant chaque lancer de dé, votre enfant devra en piocher un, énoncer le mot qui s'y trouve, puis appliquer la consigne.

Vous pouvez aussi utiliser le dé et les cartons en association avec un plateau de jeu (jeu de l'oie par exemple). L'objectif devient alors d'atteindre en premier l'arrivée. Pour cela, il faut piocher un carton, lancer le dé et répondre à la consigne. Si le joueur répond correctement, il peut avancer d'une case sur le plateau. S'il se trompe, il doit rester à l'endroit où il se trouve.

• Puissance 4 détourné

Matériel nécessaire: Vous aurez besoin d'un jeu de Puissance 4®, de quoi écrire et des feuilles.

Comment y jouer?

Le principe est simple, il s'agit de jouer au jeu de Puissance 4® et d'arriver à aligner 4 pions de la même couleur. Toutefois, les joueurs ne peuvent placer leurs pions dans la grille que s'ils ont d'abord réussi une tâche d'orthographe.

Lorsque c'est à votre enfant de jouer, choisissez un mot que vous lui demandez d'écrire sur une feuille de papier. Si l'orthographe est correcte, il peut poser un de ses pions dans la grille. Sinon, corrigez-le, montrez-lui le mot correctement écrit, et interrogez-le à nouveau un peu plus tard.

Les enfants écrivent d'autant plus volontiers, s'ils savent que l'adulte le fera aussi... La règle est donc identique lorsque c'est à votre tour de jouer: proposez à votre enfant de vous dicter un mot que vous devrez écrire sans faute, puis vérifiez ensemble son orthographe (dans un dictionnaire ou à l'aide d'un correcteur).

Variantes: Si vous ne possédez pas de jeu de Puissance 4®, ce n'est pas grave! Ce procédé s'utilise sans problème avec la plupart des jeux de société. Le principe est d'insérer une phase d'écriture avant de pouvoir jouer normalement (poser une carte, avancer sur un plateau, tracer un trait sur une grille d'OXO, etc.).

Enfin, à la place de toujours commencer par une dictée de mot, variez la tâche d'orthographe en vous inspirant des différentes consignes du jeu «Avalanche de dés» (voir le jeu précédent).

• Épeler en musique

Matériel nécessaire: un clavier de piano

Comment y jouer?

Pour rendre l'épellation d'un mot plus sympathique, écrivez les lettres de l'alphabet sur des gommettes que vous collerez ensuite sur un clavier de piano.

Choisissez alors un mot dont votre enfant a besoin de revoir l'orthographe.

Demandez-lui de l'épeler en frappant sur chaque lettre qui le compose, dans le bon ordre. L'orthographe des mots étant différente, les notes émises par l'instrument le seront aussi.

Variante: Si vous n'avez pas de piano, cette activité peut se faire avec un xylophone, jouet souvent utilisé par les plus jeunes.

• Le pendu

Matériel nécessaire: des crayons (ou stylos) et des feuilles de papier

Comment y jouer?

L'objectif est de deviner les lettres qui composent un mot, avant que le dessin du bonhomme pendu soit terminé.

Choisissez un mot dont vous voulez rappeler l'orthographe à votre enfant.

Sur une feuille, tracez autant de traits qu'il y a de lettres dans ce mot. Tracez également la potence à laquelle le bonhomme sera pendu.

Votre enfant doit maintenant deviner les lettres qui composent le mot que vous avez sélectionné. Pour cela, il en cite une première.

Si la lettre fait effectivement partie du mot, elle est écrite sur le trait correspondant. Si elle n'en fait pas partie, elle est barrée. Dessinez alors une partie du corps du pendu.

Votre enfant continue à citer des lettres pendant que vous dessinez ou non le bonhomme pendu en fonction de ses réponses.

Si vous vous apercevez qu'il procède de manière déstructurée, aidez-le à réfléchir en lui suggérant de citer en priorité les lettres fréquentes, ou de choisir celles susceptibles de s'associer avec les lettres déjà obtenues.

S'il a deviné le mot avant que le bonhomme soit entièrement pendu, votre enfant a gagné. Dans le cas contraire, il a perdu.

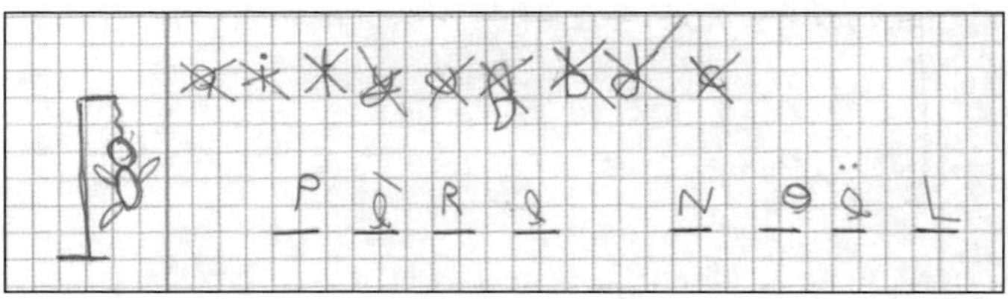

› Livres et jeux recommandés

En plus des activités décrites ci-dessus, de nombreux livres et jeux permettent d'améliorer l'orthographe lexicale des enfants. Parmi les plus connus, citons:

- *Jeux pour mieux écrire les mots*® (de Céline Leroux et Lise Martin, Chenelière Éducation). Très complet, cet ensemble de quatre livres propose différentes activités sur l'épellation, les règles intra-mots, les doubles consonnes, les lettres muettes, les sons complexes, etc.;
- *Boggle*® (Parker), un jeu où les joueurs doivent composer le plus de mots dans un temps limité, à partir de lettres imposées par des dés;
- *Pim Pam Pet Picto*® (Jumbo). Retrouver sur des illustrations le plus de mots qui commencent par un son précis (déterminé par la roulette). Ce jeu fait travailler l'orthographe lexicale si vous demandez à votre enfant d'écrire les mots qu'il trouve;
- *Scrabble*® (Scrabble). Le célèbre jeu où il faut former des mots à l'aide de lettres mobiles et les poser sur un plateau en utilisant des lettres déjà posées;
- *Mixmo*® (Asmodee). Mélange entre un jeu de Scrabble® et un jeu de rapidité. Tous les joueurs forment en même temps leur propre grille de mots, mais de nouvelles lettres doivent y être régulièrement introduites et obligent à écrire les mots différemment;
- *Foli Mots*® (Anaton's). Après avoir pioché une carte, les joueurs doivent choisir les lettres mobiles nécessaires à l'écriture du mot illustré. Le premier à l'avoir écrit appuie sur le buzzer et gagne;
- Des livres qui proposent des jeux de mots, comme des mots croisés, des anagrammes ou des mots cachés. Ce type de jeux aide à développer l'orthographe lexicale en obligeant l'enfant à observer les mots et à réfléchir à la manière de les écrire.

À retenir !

- *Le jeu est un support idéal pour aider l'enfant dysorthographique à développer son orthographe lexicale en lui permettant de revoir les mots connus ou d'en apprendre des nouveaux dans le plaisir.*
- *Cette fiche propose plusieurs idées d'activités et de jeux à réaliser soi-même, à acheter, ou à emprunter à la ludothèque.*

FICHE

40 Comment travailler l'orthographe grammaticale ?

› Dédramatiser

Si la majorité des enfants craignent la grammaire, ceux qui ont des difficultés se bloquent souvent dès qu'ils en entendent parler... Cette attitude de rejet n'arrange en rien leurs problèmes. Si votre enfant a tendance à réagir ainsi, il est important d'en discuter avec lui. Expliquez-lui pourquoi la grammaire est utile, pourquoi on a inventé ces règles et à quoi elles servent (voir la fiche 15).

Dans un même temps, il faut effacer les fausses croyances selon lesquelles la langue française est bourrée d'exceptions et son orthographe illogique et incompréhensible. Notre langue comporte bien plus de règles que de pièges. Rassurez donc votre enfant et expliquez-lui que la grammaire implique non seulement une grande part de logique, mais aussi l'apprentissage d'une série de règles, et qu'avec un peu de réflexion il parviendra à écrire correctement de nombreux mots.

› Apprendre

Les règles de grammaire, ça s'apprend ! En effet, la grammaire est tellement abstraite que personne ne la maîtrise naturellement, sans apprentissage. La meilleure façon de l'enseigner est de la rendre explicite. Pour aider au mieux votre enfant, vous devrez énoncer clairement chaque règle, l'expliquer, et la démontrer.

› Mémoriser

Comme tout apprentissage, celui de la grammaire passe par la case « mémorisation ». Durant cette étape, votre enfant doit retenir les règles et leurs exceptions les plus fréquentes. La phase de mémorisation est essentielle. Si votre enfant ne retient pas les règles grammaticales, il ne saura pas les mettre en pratique et risque fort de les confondre.

Bien entendu, cette étape ne suffit pas ; savoir réciter une règle ne veut pas dire être capable de l'utiliser à bon escient. Pour cela, il faut aussi de la compréhension, de la réflexion, et de l'entraînement, comme expliqué dans les principes suivants.

› Comprendre

Avant que votre enfant mémorise les accords des verbes, il faut s'assurer qu'il sait ce qu'est un verbe. Cela vaut également pour le pluriel: sait-il ce que ça signifie? Il a peut-être étudié par cœur que l'adjectif s'accorde en genre et en nombre avec le nom, mais sait-il précisément ce qu'est le genre? Et le nombre? Est-il capable de repérer les noms et les adjectifs au sein d'une phrase? Pour résumer, il est indispensable de vérifier que votre enfant comprend bien chacune des notions qu'il manie.

› Faire réfléchir

Les élèves ne réalisent pas toujours que l'orthographe nécessite de la réflexion. Ils ont tendance à croire que tout l'effort réside dans l'apprentissage par cœur des règles. Or, sans réflexion, les règles ne servent à rien (on ne sait pas comment les appliquer, sur quel mot, etc.). Votre enfant doit donc être conscient qu'il est important qu'il réfléchisse, y compris lorsque certaines règles lui semblent simples. Ainsi, même des accords pourtant basiques comme l'ajout du «s» au verbe conjugué avec «tu» ne s'appliquent pas toujours...

› Progresser du simple vers le complexe

Il est préférable de débuter avec la règle générale et de garder les cas particuliers pour la suite. Les exceptions ne peuvent pas être abordées tant que la règle de base n'est pas assimilée et appliquée correctement. Les règles doivent être travaillées dans l'ordre croissant de difficulté: du plus facile au plus difficile. Par exemple, on commencera par aborder le pluriel du nom plutôt que l'accord du participe passé.

› Synthétiser

Dans la mesure du possible, tâchez de synthétiser la règle travaillée sur une fiche afin que votre enfant puisse la consulter aussi souvent que nécessaire. Pour cela, réalisez une synthèse. Celle-ci doit être claire et aérée pour que votre enfant repère directement les informations importantes. Pensez également à ajouter un ou deux exemples qui l'aideront à comprendre rapidement comment s'applique la règle vue. En fonction de ce qu'il préfère, adaptez la synthèse pour qu'elle soit plus ou moins détaillée, avec ou sans illustrations, etc.

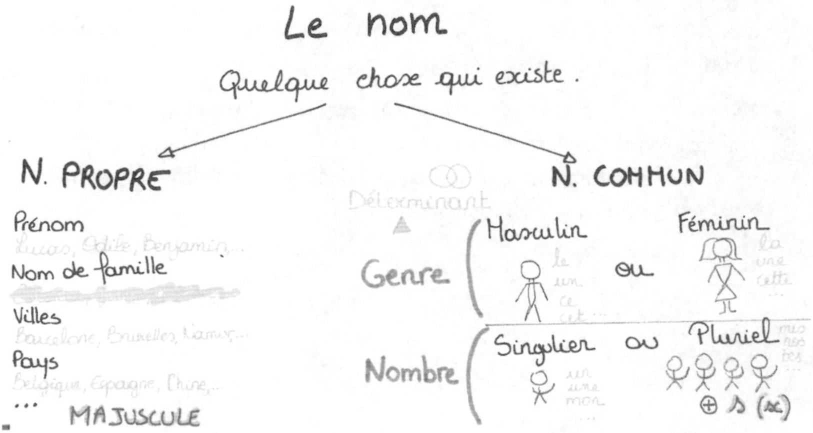

› Entraîner

Entraînez la règle apprise autant que nécessaire. Dans un premier temps, les exercices ne cibleront que cette règle, afin que votre enfant s'habitue à l'utiliser. Une fois qu'elle est bien apprise, proposez-lui alors des exercices plus larges qui lui permettront de revoir d'autres règles en même temps. De cette manière, votre enfant apprendra à réfléchir en fonction des différentes situations grammaticales.

Enfin, pensez à aider votre enfant à généraliser ce qu'il a appris, en entraînant la règle dans un maximum d'exercices différents. Par exemple, pour l'accord du participe passé: demandez-lui d'expliquer des accords déjà écrits dans un texte, d'accorder des phrases avec des participes passés corrects, de compléter un texte lacunaire où les participes passés manquent, d'écrire un mail avec minimum 3 participes passés différents, etc.

À retenir !

- L'apprentissage de la grammaire commence toujours par une première étape où l'enfant découvre les règles grammaticales. Avant qu'il les utilise à bon escient, il faut que celles-ci lui soient clairement expliquées. Il devra aussi avoir compris ce qu'elles signifient, les avoir mémorisées, et s'être entraîné à les utiliser dans différents contextes.
- Pour aider votre enfant, commencez toujours par les règles les plus simples avant d'évoluer vers les plus compliquées. Réalisez des synthèses pour soutenir sa mémorisation. Enfin, n'hésitez pas à dédramatiser le travail grammatical et à le pousser à réfléchir lorsqu'il écrit.

FICHE

41 Comprendre et manipuler la grammaire

› Objectif

L'objectif de ce travail est d'aider le jeune dysorthographique à comprendre comment s'appliquent les règles de grammaire en situation concrète. Il doit découvrir qu'une phrase fonctionne comme un microsystème : elle est formée de plusieurs parties qui ont toutes une fonction précise et qui s'influencent les unes les autres. Par exemple, si le sujet est au pluriel, le verbe le sera aussi. Enfin, il s'agit d'aider l'enfant à comprendre qu'il peut manipuler les différentes parties des phrases (les rallonger, les raccourcir, les modifier, etc.), mais que tout changement a des conséquences sur l'orthographe grammaticale.

› Pourquoi faire manipuler la grammaire ?

Parce que c'est une des difficultés principales de l'enfant dysorthographique. Pour lui, la grammaire est un domaine opaque. Il agit de manière rigide, en considérant qu'un mot a toujours une même nature ou s'accorde toujours de la même façon. Par exemple, il considérera que *sourire* est un verbe, sans prendre en compte qu'il peut aussi s'agir d'un nom. De même, il écrira « s » au verbe conjugué à la 2ᵉ personne du singulier, même lorsqu'il est nécessaire de mettre un « x »... L'enfant dysorthographique ne fait pas la différence entre les classes et les fonctions des mots, il ne comprend pas que l'orthographe grammaticale varie selon la construction de la phrase. Il manque de souplesse et ne parvient donc pas à manipuler les notions de grammaire apprises.

› Les principes de la manipulation de phrases

Si vous voulez que votre enfant développe son orthographe grammaticale, il faut lui apprendre à jongler avec les éléments clés de la grammaire. Types de phrases, classes de mots, fonctions, genres et nombres... sont autant de notions avec lesquelles il doit se sentir à l'aise.

Les types de phrases

Votre enfant doit comprendre qu'il existe plusieurs types de phrases (déclarative, exclamative, interrogative, impérative...), et que selon le type choisi, la ponctuation et les temps de conjugaison peuvent varier.

Exemples:

- la phrase interrogative nécessite un point d'interrogation (*Où vas-tu* ***?***), tandis qu'on met un point d'exclamation à la plupart des phrases exclamatives (*Quelle belle fresque* ***!***);
- la phrase impérative est généralement écrite à l'aide d'un verbe conjugué à l'impératif (***Va*** *chercher tes chaussures.*).

Les classes de mots (ou natures de mots)

Les classes de mots sont les catégories grammaticales auxquelles appartiennent les mots (les noms, les verbes, les adjectifs, les déterminants, etc.). Il est important que votre enfant connaisse l'existence de ces catégories, puisqu'elles déterminent comment accorder les mots qu'elles comportent.

Exemples:

- les adverbes sont invariables, ils ne s'accordent pas;
- les adjectifs sont variables, ils s'accordent en fonction du nom;
- les verbes varient aussi. Ils s'accordent en fonction du sujet, mais avec d'autres terminaisons que les noms et les adjectifs.

Les homonymes sont d'autant plus difficiles à écrire pour l'enfant dysorthographique qu'ils se trouvent parfois dans des catégories grammaticales différentes. Ils doivent donc être accordés différemment.

Exemples:

- *sourire* peut être un verbe à l'infinitif ou un nom commun qui prend un «s» au pluriel (*des sourires*);
- on écrit *des fermes* (pluriel d'un nom), mais *elles ferment* (pluriel d'un verbe).

Les fonctions des mots

Les fonctions indiquent le rôle que prend chaque mot au sein d'une phrase. Certains font partie du groupe sujet, d'autres sont utilisés comme complément, attribut, etc. À nouveau, ces fonctions sont importantes à comprendre, car elles déterminent des accords grammaticaux essentiels comme l'accord du verbe ou du participe passé.

Le genre et le nombre

En grammaire, on parle beaucoup du genre et du nombre des mots.

Le genre réfère au masculin ou au féminin. Il existe un genre neutre (le «on») qui ne concerne que les verbes. Savoir identifier le genre d'un nom est impératif pour accorder correctement l'adjectif.

Exemples:
- *Le camion est vert.*
- *La camionnette est verte.*

Le genre d'un sujet influence aussi l'accord du participe passé.

Exemples:
- *Le camion est très chargé.*
- *La camionnette est très chargée.*

Le nombre indique si un mot est au singulier ou au pluriel. En français, certains mots sont toujours au pluriel (les environs, les funérailles, les décombres, etc.) et d'autres toujours au singulier (de l'argent, de l'encens, l'ouïe, etc.). Votre enfant devra bien comprendre cette notion, afin d'accorder correctement les mots qu'il écrit.

› Comment travailler la manipulation de phrases ?

- La première chose à faire est de partir des cours de votre enfant pour distinguer les notions qu'il comprend et connaît, de celles qui doivent être retravaillées.

- Revoyez les notions insuffisamment maîtrisées, en les réexpliquant de la manière la plus simple possible et en réalisant des synthèses.

- Entraînez votre enfant à repérer ces notions au sein de phrases. Pour cela, prenez n'importe quel texte écrit et demandez-lui de retrouver, par exemple, les adjectifs ou les groupes verbaux. Vérifiez s'il comprend bien ce qu'il fait en lui demandant de justifier ses choix.

- Enfin, apprenez à votre enfant à manipuler ces notions. Sélectionnez une phrase dans le texte utilisé et demandez-lui :
  - d'y ajouter un élément (par exemple, ajouter un adjectif attribut) ;
  - de supprimer un élément (par exemple, supprimer des adverbes) ;
  - de simplifier la phrase ;
  - de modifier l'ordre des mots (par exemple, en bougeant les compléments) ;
  - d'écrire la phrase au pluriel (ou au singulier) ;
  - de la transformer en phrase interrogative (ou déclarative, exclamative, impérative) ;
  - d'écrire la phrase en changeant le temps de conjugaison ;
  - etc.

› Idées d'activités ludiques

- **Se servir de bandes dessinées**. Les enfants aiment généralement bien travailler à partir de bandes dessinées. Elles peuvent être exploitées de différentes manières :
  - choisissez une page de la bande dessinée préférée de votre enfant, photocopiez-la et demandez-lui d'y souligner tous les adjectifs en bleu, les noms en vert, etc. ;
  - choisissez une page de bande dessinée et photocopiez-la en masquant l'intérieur des phylactères (bulles), de manière à ce que tout le texte disparaisse. Proposez alors à votre enfant d'inventer de nouveaux dialogues, quitte à changer complètement le sens de ce qui est dit. Travaillez la grammaire de ce qu'il écrit et une fois que tout est complété, comparez avec la version originale ;
  - partez d'une feuille blanche et suggérez à votre enfant de créer sa propre bande dessinée en lui donnant des consignes au niveau de la grammaire. Par exemple, il devra écrire 4 types de phrases différentes, alterner phrases négatives et positives, utiliser au moins un adjectif par case, etc.

- **Se servir de chansons**. Sélectionnez une chanson (en français) que votre enfant aime bien. Trouvez ses paroles sur Internet et imprimez-les. Proposez à votre enfant de changer quelques mots du texte et de les remplacer par de nouveaux mots qui appartiennent à la même catégorie grammaticale. Par exemple, il remplacera un adjectif par un autre adjectif, un nom propre par un autre nom propre, etc. Demandez-lui ensuite d'écrire ses modifications, puis écoutez ensemble la chanson. S'il se prend au jeu, encouragez-le à chanter en même temps que l'artiste, en utilisant sa propre version.

• **Se servir d'œuvres d'art**. Les œuvres d'art sont le support idéal pour travailler la production d'adjectifs, de noms ou de verbes. La plupart des peintures, par exemple, affichent de nombreux détails qui peuvent être interprétés et commentés. Salvador Dali, Breughel l'Ancien, ou Jérôme Bosch ont peint des toiles qui conviennent parfaitement pour le travail suivant:

- trouvez une reproduction de l'œuvre souhaitée;
- demandez à votre enfant de citer 5 noms parmi ce qu'il voit. Exemples: *des paysans*, *une maison*, *une colline*, etc.
- changez de catégorie grammaticale et demandez-lui de citer 5 verbes, adjectifs, adverbes, etc. Exemples: *labourer* (verbe), *pleurer* (verbe), *fondu* (adjectif), *beau* (adjectif), *loin* (adverbe), *rapidement* (adverbe), etc.;
- suggérez-lui enfin de produire différents types de phrases en fonction de ce qu'il observe. Exemples: *La femme regarde le soleil.* (déclarative) *Pousse la charrette, esclave!* (impérative) Etc.;
- si votre enfant n'aime pas travailler à partir de peintures, choisissez plutôt des photos de vacances, de paysages ou de famille, à condition qu'elles soient assez riches en détails.

• **Se servir du quotidien**. Partez des activités qui rythment la journée de votre enfant pour lui demander de les raconter au passé (comme s'il les avait vécues hier) ou au futur (comme s'il allait les vivre demain). Dès qu'il parvient à changer la forme des verbes sans problème, proposez-lui d'écrire ces nouvelles phrases sur un papier.

Exemples:

- au moment même: *Je mange mon repas. C'est très bon!*
- et si ça s'était passé hier? *J'ai mangé mon repas. C'était très bon!*
- et si ça se passait demain? *Je mangerai mon repas. Ça sera très bon!*

- **QUELQUES OUTILS POUR AIDER À MANIPULER LES PHRASES.**
  - *Grammaire en textes* (Schneider, E., Accès Éditions) : Un recueil d'activités pour travailler la grammaire au sein de phrases et de textes. L'organisation des textes, les natures et les fonctions y sont abordées.
  - *Des jeux pour réviser les accords* (Barnoud, C., Retz) : Un petit cahier pour travailler les accords grammaticaux tout en s'amusant.
  - *Des jeux pour être bon en grammaire et en conjugaison* (Retz) : Un petit cahier pour travailler les types de phrases, les natures, les fonctions et les accords.
  - *Je construis ma grammaire* (Kettela, A., Tom Pousse) : Moins ludiques, ces trois manuels permettent de revoir la grammaire en partant des règles les plus basiques et en évoluant dans la complexité. Ils proposent des définitions, des explications et des exercices.
  - *Objectif grammaire* (Dupas, R., Ludéditions) : Un livre avec 37 jeux à fabriquer soi-même pour entraîner les principales règles grammaticales.
  - *Contes de gram'maire* (Dupas, R., Ludéditions) : Un conte qui se passe dans le pays des mots et qui vise à rendre la grammaire plus concrète.

À retenir !

La grammaire reste longtemps opaque pour l'enfant dysorthographique. Pour l'aider, il faut l'amener à comprendre comment elle fonctionne et comment l'utiliser pour améliorer son orthographe.

FICHE

42 Utiliser des moyens mnémotechniques

› Les moyens mnémotechniques, qu'est-ce que c'est ?

Comme leur nom le laisse deviner, il s'agit de l'ensemble des techniques qui facilitent la mémorisation d'informations (mnémo = mémoire). Les moyens mnémotechniques sont fréquemment employés par les étudiants. On les utilise aussi au quotidien, pour retenir une plaque de voiture ou une liste de course par exemple. Ils fonctionnent en faisant appel à la mémoire associative qui permet de mémoriser une information complexe en l'associant à une idée plus simple (une image mentale, une phrase, une histoire, etc.).

› Pourquoi utiliser des moyens mnémotechniques

Les moyens mnémotechniques servent avant tout à soulager la mémoire. Ils sont utiles lorsqu'il y a trop d'éléments à retenir, ou qui ne peuvent pas être expliqués logiquement (les exceptions, par exemple). Certaines personnes y font appel chaque fois qu'elles doivent retenir quelque chose; leur mémoire fonctionne mieux lorsque les informations sont associées. Toutefois, employer trop de moyens mnémotechniques peut nuire à leur efficacité.

Pour aider votre enfant à mémoriser l'orthographe qui lui pose problème, **n'utilisez les moyens mnémotechniques que lorsque les méthodes plus rationnelles ne fonctionnent pas**.

› Principe d'utilisation

Pour trouver un moyen mnémotechnique efficace, la première chose à faire est de déterminer quelle est l'information à retenir. S'agit-il d'une liste d'exceptions ? De l'orthographe d'un mot irrégulier ? La technique à utiliser pourrait en effet varier.

Ensuite, voyez s'il existe déjà un moyen mnémotechnique pour retenir cette information et s'il conviendrait à votre enfant ou pas. Par exemple, *toujours prend toujours un «s»* est généralement facile à mémoriser.

Si aucun moyen mnémotechnique n'existe ou si rien ne convient à votre enfant, composez-en un ensemble. Pour cela, il faudra que vous réfléchissiez à la meilleure manière de stimuler sa mémoire.

Dès que le moyen mnémotechnique idéal est repéré (ou construit), entraînez-le en le rappelant ponctuellement à votre enfant.

› Comment construire un moyen mnémotechnique ?

Pour créer un nouveau moyen mnémotechnique, il faut faire appel à son imagination afin de trouver la phrase, l'image, l'acronyme, la chanson... qui aide à mémoriser l'information. Lorsque vous réalisez cette recherche, gardez en tête que :

- souvent, ce qui fait rire ou ce qui est décalé marque plus l'esprit et est donc mieux retenu ;
- il faut choisir la manière la plus simple de retenir l'information ciblée. Si le moyen mnémotechnique est plus compliqué que l'information elle-même, il ne sera pas efficace ;
- le moyen mnémotechnique doit correspondre au fonctionnement mental de votre enfant, même s'il ne correspond pas au vôtre.

› Quelques moyens mnémotechniques fréquents en grammaire

• **L'ACCORD DU VERBE AVEC « JE »**. Quel que soit le temps de conjugaison, on ne met jamais de « t » à la fin d'un verbe conjugué à la première personne du singulier.

Moyen mnémotechnique : *Je n'aime pas le thé.*

Explication : JE n'aime pas le T

Exemple : ***Je finis ma peinture*** et non ***Je finit ma peinture***.

• **L'UTILISATION DU « SI »**. Lorsqu'une proposition commence par « si », le verbe qui se trouve dans cette partie de la phrase n'est pas au conditionnel.

Moyen mnémotechnique : *Les SI n'aiment pas les RAIS.*

Variante : *Les SI mangent les RAIS.*

Explication: Lorsqu'une phrase commence par «si», le verbe qui suit ne peut pas se terminer par une combinaison du conditionnel. Le moyen mnémotechnique prend l'exemple du «rais», mais les autres terminaisons ne sont pas permises non plus («rait», «rions», «riez», etc.).

Exemple: ***Si j'avais eu cette possibilité*** et non ***Si j'aurais eu cette possibilité***.

• **A OU À**. «a» correspond au verbe *avoir*, conjugué à la 3e personne du singulier de l'indicatif présent. «à» est une préposition qui indique un lieu ou introduit un complément.

Moyen mnémotechnique: Remplacer le «a» par *avait* dans la phrase écrite. Si la phrase a un sens, on ne met pas d'accent. Si on ne peut pas remplacer par *avait*, on met un accent.

Explication: En mettant le «a» à l'imparfait, l'enfant repère si le mot est un verbe ou non. Si c'est le cas, il ne met pas d'accent puisqu'il n'y en a pas dans la conjugaison du verbe *avoir*.

Exemple: *Il* ***a*** *toujours raison.* → ***Il avait toujours raison.***

Je vais ***à*** *la mer.* → **Je vais ~~avait~~ la mer.**

• **LES DÉMONSTRATIFS**. Les déterminants et pronoms démonstratifs désignent la personne, l'objet, l'animal dont on parle. Ils commencent tous par la lettre «c».

Moyen mnémotechnique: *Ce*, *ci*, *cette*, etc. commencent par un «c», car c'est la forme que prend ton index lorsque tu montres quelque chose du doigt.

Explication: Les enfants en difficulté ne savent souvent pas comment écrire le son «sss» qu'ils entendent au début des déterminants et pronoms démonstratifs. Comme ces mots sont utilisés pour montrer, désigner quelque chose, il suffit de faire un parallèle avec le pointage du doigt pour les aider à mémoriser que la première lettre est bien un «c».

Exemple: *Cette robe-****ci*** *est très jolie!* → oui, on peut montrer la robe en question.

Se *ballon ne roule pas bien* → non!

- **Retenir les prépositions.**

  Moyen mnémotechnique: *Adam part pour Anvers avec cent sous sûrs, entre derrière chez Decontre.*

  Variante: *Adam part pour Anvers avec deux cents sous sûrs.*

  Explication: Comme il n'est pas simple de retenir la liste des prépositions, autant créer une phrase qui les reprend toutes, même si leur orthographe n'est pas identique. Dans ce moyen mnémotechnique, on retrouve les prépositions suivantes: à, dans, par, pour, en, vers, avec, sans, sous, sur, entre, derrière, chez, de, contre.

  La variante, quant à elle, est une forme plus courte de la phrase initiale. On y retrouve les principales prépositions: à, dans, par, pour, en, vers, avec, de, sans, sous, sur.

- **Retenir les pronoms relatifs.**

  Moyen mnémotechnique: *Qui que quoi dont où*

  Explication: Les pronoms relatifs ne sont généralement pas retenus à l'aide d'une phrase, mais plutôt à l'aide d'une mélodie. En effet, les enfants les retiennent mieux lorsqu'ils les prononcent les uns à la suite des autres en les rythmant légèrement.

- **Retenir les conjonctions de coordination.**

  Moyen mnémotechnique: *Mais où est donc Ornicar?*

  Explication: Facile à retenir, cette phrase laisse penser qu'on est à la recherche d'une personne appelée Ornicar. On y retrouve les conjonctions de coordination suivantes: mais, ou, et, donc, or, ni, car.

- **É ou er.** «é» correspond au participe passé d'un verbe, tandis que «er» correspond à l'infinitif.

  Moyen mnémotechnique: Remplacer le verbe qui pose question par *vendre* ou *vendu*. Si *vendre* convient, on écrit le verbe avec «er». Si c'est *vendu* qui convient, on l'écrit avec «é».

  Variante: Le verbe peut être remplacé par n'importe quel verbe d'un autre groupe (faire, mettre, etc.).

  Explication: Les enfants peinent à savoir comment écrire les verbes du premier groupe («er»), car leurs infinitifs et leurs participes passés se terminent par le même son («é») même s'ils ne s'écrivent pas de la même manière. En utilisant un verbe d'un autre groupe, les enfants perçoivent mieux s'ils doivent écrire l'infinitif ou le participe passé. *Vendre* et *vendu* sont généralement très efficaces, car on entend «r» dans *vendre* (donc il faut écrire «eR») tandis que *vendu* rime avec *accent aigu* (donc il faut écrire «é»).

Exemple: Papa et maman veulent décor**er** la maison. → Papa et maman veulent **vendre** la maison.

- **Pluriel des noms en «ou»**. Les noms qui se terminent en «ou» prennent un «s» au pluriel, sauf 7 exceptions qui prennent un «x»: *choux, bijoux, joujoux, genoux, cailloux, hiboux, poux.*

Moyen mnémotechnique: *Viens mon chou, mon bijou, sur mes genoux avec tes joujoux, jeter des cailloux sur ce vilain hibou plein de poux!*

Variante: *Viens mon chou, mon bijou, sur mes genoux avec tes joujoux, et ne jette pas de cailloux sur ce hibou même s'il est plein de poux!*

Explication: Retenir une liste d'exceptions est bien plus simple lorsqu'on parvient à inventer une phrase qui crée un lien entre elles. Le cerveau ne retient donc plus les mots de manière isolée, mais bien en les associant les uns avec les autres.

Exemple: un trou → *des trou***s** mais un bijou → *des bijou***x**

À retenir!

Les moyens mnémotechniques facilitent la mémorisation. Ils fonctionnent en associant un élément complexe à quelque chose de plus simple, comme une phrase ou une mélodie. Ils soulagent la mémoire et sont particulièrement efficaces lorsqu'il faut retenir une liste ou une information difficile à mémoriser.

FICHE

43 Jouer avec l'orthographe grammaticale

› Jouer avec la grammaire ?

Comme pour l'orthographe lexicale, il est possible d'apprendre la grammaire en s'amusant. Une fois l'apprentissage explicite dispensé, entraîner la grammaire en jouant est une excellente idée. En effet, s'il prend du plaisir, votre enfant se concentrera mieux et plus longtemps. Son implication étant meilleure, il comprendra plus vite comment jongler avec les différents accords grammaticaux du français.

› Comment jouer avec la grammaire ?

• Mots croisés grammaticaux

Matériel nécessaire: des crayons (ou stylos) et des grilles de mots croisés grammaticaux

Principe: Faire des mots croisés dont les définitions concernent l'aspect grammatical des mots.

Pourquoi ? Ce type d'activité est excellent non seulement pour entraîner la compréhension écrite (lire les définitions), mais également pour entraîner le point de grammaire sélectionné. En plus, l'orthographe lexicale est également stimulée puisque l'enfant doit réfléchir à la meilleure manière d'écrire chaque mot afin qu'il rentre dans les cases prévues (il doit non seulement réfléchir aux accords grammaticaux, mais aussi aux doubles consonnes, aux lettres muettes, etc.).

Comment y jouer ?

Avant de vous lancer dans l'aventure, cherchez des grilles de mots croisés dont les définitions portent sur l'aspect grammatical des mots. Vous en trouverez dans des livres comme *100 difficultés orthographiques par les mots croisés* (Barroy, G., Retz) ou *Jouons à l'orthographe par les mots croisés* (Barroy, G., Retz). Toutefois, il suffit de taper les bons mots clés dans un moteur de recherche (par exemple: mots croisés conjugaison, mots croisés pluriel, mots croisés adjectifs, etc.) pour trouver de nombreuses grilles gratuitement disponibles sur Internet.

Dès que vous avez réussi à vous en procurer, proposez à votre enfant de résoudre une grille de mots croisés. Cela peut se faire ponctuellement (lors d'un moment d'attente), ou plus régulièrement (à la fin d'une séance de travail, le dimanche soir, etc.).

Pour un entraînement précis, choisissez une grille de mots croisés qui concerne un point de grammaire récemment travaillé avec vous ou en classe. Si vous désirez faire une révision plus globale, choisissez une grille qui propose des consignes plus larges.

• Construire un Memory® grammatical

Matériel nécessaire : Des crayons et des feutres, mais aussi des feuilles à dessiner épaisses (type Canson®)

Principe : Construire un Memory® dont le but est d'associer une consigne grammaticale au mot (ou au groupe de mots) correspondant. Par exemple :

Cartes consignes	Cartes mots
Lancer, 2e personne du pluriel, indicatif imparfait.	Vous lanciez
Pluriel du mot cheval	des chevaux
Féminin de l'adjectif lourd	lourde
Je vais partir ... la mer.	à

Comment y jouer ?

Commencez tout d'abord par sélectionner les points de grammaire que vous voulez entraîner. Libre à vous de ne cibler qu'un domaine précis (l'accord du nom, par exemple) ou d'en mélanger plusieurs si vous désirez une révision plus globale.

Expliquez ensuite à votre enfant que vous allez construire ensemble un jeu de Memory® qui lui permettra de revoir la grammaire tout en s'amusant.

Sur les feuilles blanches, tracez des cartes de jeu de la taille souhaitée. Découpez-les et divisez le paquet en deux tas de cartes vierges.

Sur les cartes du premier tas, écrivez des consignes permettant de travailler le ou les accords grammaticaux choisis.

Reprenez les consignes écrites et demandez à votre enfant d'y répondre une première fois. Dès qu'il cite une réponse correcte, écrivez-la sur une carte vierge du second tas. Faites en sorte que chaque carte « consigne » corresponde à une seule « carte réponse » (et réciproquement).

Si votre enfant le souhaite – et pour rendre son jeu plus attirant – suggérez-lui d'illustrer les cartes réponses.

Une fois que vous estimez avoir un nombre suffisant de cartes, mélangez-les, disposez les faces cachées sur la table, et jouez au jeu avec votre enfant comme s'il s'agissait d'un Memory® traditionnel[1].

Par la suite, n'hésitez pas à modifier le jeu : rajoutez-y de nouvelles cartes en fonction des besoins de votre enfant, ou remplacez celles qu'il réussit aisément.

• Avalanche de dés

Matériel nécessaire : Vous aurez besoin de trois dés sur lesquels vous pourrez écrire des consignes. On en trouve en magasin de bricolage, de jeux ou sur Internet. Il s'agit de dés vierges en bois ou en plastique, ou de dés dont les faces sont composées d'ardoises.

Principe : Utiliser des dés pour définir les accords grammaticaux à appliquer.

Comment y jouer ?

Prenez le premier dé et inscrivez-y les pronoms (je, tu, il, etc.).

Sur le second dé, écrivez six verbes à l'infinitif. Choisissez des verbes que votre enfant a besoin de savoir bien écrire (pour une dictée qui approche, parce qu'il se trompe souvent dans leur conjugaison, etc.) ou qui contiennent des particularités plus difficiles (redoublement de consonnes, etc.).

Sur le troisième dé, écrivez les temps que vous désirez entraîner (le présent, le passé composé, le futur, l'imparfait, etc.).

Demandez à votre enfant de lancer les trois dés en même temps, puis d'écrire sur une feuille le verbe indiqué sur le 2e dé, en le conjuguant au temps indiqué par le 3e dé, avec le pronom indiqué par le 1er dé.

Relancez les dés quelques fois, en reproduisant le même procédé. Par la suite, utilisez cette activité pour clôturer une séance de travail sur la conjugaison, ou ponctuellement, comme une courte révision.

---

1. Pour rappel, le but d'un jeu de Memory® est de constituer des paires d'images identiques.

• Des jeux de société

Si vous n'avez pas le temps de vous lancer dans la création de jeux « maisons », ou pour alterner avec ceux que vous avez fabriqués, les jeux de société suivants sont des alternatives intéressantes:

- les *Rory's Story Cubes*® (The Creativity Hub) sont des dés dont les faces sont décorées de dessins. Le principe est simple: lancer ces dés et inventer une histoire à partir des illustrations affichées. Pour aider votre enfant, faites-le écrire son histoire sur une feuille, en veillant particulièrement aux accords grammaticaux;
- *Conjudingo*® (Cocktail Games) est un jeu de cartes qui entraîne la conjugaison au présent, au passé composé et au futur. Grâce à trois règles différentes, l'enfant apprend à associer le verbe à sa terminaison correcte;
- *Jugomaniac*® (Anaton's) est un jeu de plateau dans lequel il faut écrire des verbes à l'aide de lettres mobiles, selon les consignes données par deux dés (temps et pronom). Le premier joueur à conjuguer le verbe au bon temps et à la bonne personne appuie sur le buzzer et gagne la carte;
- *Grammi Cat's*® (Cat's Family) ensemble de jeux de cartes déclinés en plusieurs versions selon qu'ils travaillent: les classes grammaticales (*Grammi Cat's n° 1*®), les fonctions des mots (*Grammi Cat's n° 2*®), la construction de phrases (*Grammi Cat's n° 3*®), ou les accords masculin-féminin (*Grammi Cat's n° 4*®);
- *Ortho Cat's*® (Cat's Family) est un ensemble de jeux de cartes déclinés en plusieurs versions selon qu'ils travaillent: les terminaisons (*Ortho Cat's n° 1*®), les homophones grammaticaux (*Ortho Cat's n° 2*®), les sons (*Ortho Cat's n° 3*®), ou les mots invariables (*Ortho Cat's n° 4*®).

À retenir !

- Le jeu est un support idéal pour aider l'enfant dysorthographique à développer son orthographe grammaticale dans le plaisir.
- Cette fiche propose plusieurs idées d'activités et de jeux à réaliser soi-même, à acheter, ou à emprunter à la ludothèque.

FICHE

44 L'attitude du parent pendant un travail sur l'orthographe

Vous aidez votre enfant à développer son orthographe, et par conséquent à surmonter sa dysorthographie. Rien que ça, c'est déjà une démarche formidable. Pour que celle-ci soit encore plus efficace, voici différents points auxquels il est bon de prêter attention.

- **FRAGMENTER LE TRAVAIL.** Votre enfant doit apprendre une série de 30 mots pour une dictée ou un texte de plusieurs paragraphes ? Procédez par étape et limitez le nombre de mots à apprendre en une fois, de sorte que sa mémoire ne soit pas immédiatement saturée et confuse. En effet, rappelez-vous que les difficultés causées par la dysorthographie nécessitent une approche progressive.

- **ORGANISER DES SÉANCES DE TRAVAIL RÉGULIÈRES, MAIS COURTES.** En raison de ses difficultés, il est peu probable que votre enfant vous rappelle qu'il est l'heure de revoir les mots appris la veille… C'est donc à vous de trouver chaque jour un moment pour travailler l'orthographe ensemble. Bien sûr, il ne faut pas le dégoûter en le faisant s'entraîner deux heures ! Quelques minutes quotidiennes devraient suffire pour écrire quelques phrases, revoir les mots travaillés la veille, ou exercer une règle de grammaire. Essayez d'être systématique et régulier et n'hésitez pas à transformer ces séances en moments ludiques…

- **DÉDRAMATISER LES ERREURS.** L'enfant dysorthographique est conscient de sa faiblesse en orthographe. Il sait que ses erreurs lui font perdre des points. Il en est le premier embêté et finit par redouter de recevoir ses résultats. On arrive alors au blocage : en effet, certains jeunes ne veulent plus écrire afin de ne plus se tromper ! Pour éviter cette situation, ne vous braquez pas lorsque votre enfant se trompe. Dédramatisez ses erreurs, dites-lui que grâce à elles vous voyez ce qu'il faut encore faire pour l'aider et que votre aide n'en sera que plus efficace. Valorisez son implication et sa réflexion et accordez moins d'attention à ses fautes qu'à ses efforts.

- **Être compréhensif, mais positif**. Oui, votre enfant éprouve des difficultés, mais non, tout n'est pas perdu. Il les surmontera d'une manière ou d'une autre. Ne montrez aucun signe de découragement face à votre jeune. Il a besoin de croire en lui et a donc besoin de sentir que vous croyez en lui vous aussi. Bien entendu, il ne s'agit pas de lui dire que cela va être facile ! Il ne faut pas tomber dans l'excès inverse. En toute circonstance, tâchez de rester honnête. Votre enfant progressera en orthographe, mais cette amélioration dépendra directement des efforts fournis. Répétez-lui régulièrement qu'il en est capable et que lorsqu'il aura surmonté ses difficultés, il aura appris à travailler plus que ses camarades, il sera capable de faire des efforts sur la durée, d'affronter les obstacles les plus divers... autant de compétences qui lui seront bien utiles dans sa vie future.

- **Être proactif**. Lorsque vous travaillez avec votre enfant, arrêtez-le immédiatement si vous voyez qu'il hésite ou qu'il a écrit un début de mot qui annonce une faute. Faites-le réfléchir, utilisez les outils décrits dans les fiches précédentes (familles de mots, moyens mnémotechniques, visualisation, etc.), faites lui chercher le mot dans le dictionnaire ou donnez-lui la bonne orthographe... mais ne le laissez surtout pas écrire une erreur si vous pouvez l'éviter ! Le cerveau retient en effet aussi bien ce qui est correct que ce qui ne l'est pas. S'il orthographie mal un mot, votre enfant risque de répéter son erreur à de multiples reprises ensuite.

- **Être attentif à la correction des erreurs**. On ne peut pas toujours éviter les erreurs, c'est évident ! Parfois, l'enfant a été plus rapide que l'adulte qui n'a pas pu anticiper. Parfois, les erreurs ont été commises durant votre absence (à l'école, par exemple). Dans ce cas, utilisez-les comme un outil d'apprentissage :
  - avant tout, corrigez les fautes d'orthographe que vous détectez dans les feuilles de cours de votre enfant. S'il est exposé à ces fautes, il risque de les retenir ;
  - lorsque vous corrigez, faites d'abord appel au raisonnement de votre enfant en lui proposant des explications logiques. Lorsqu'il n'y en a pas, donnez-lui des moyens mnémotechniques ou aidez-le à renforcer la mémorisation pure du mot ou de la règle ;
  - lors de la correction, n'insistez pas sur les fautes d'orthographe ; votre enfant ne doit surtout pas les mémoriser ! Insistez plutôt sur la bonne manière d'écrire les mots et renforcez l'apprentissage de l'orthographe correcte en donnant de nouveaux exemples ;

– enfin, analysez les erreurs réalisées pour aider votre enfant à comprendre ce qui coince et comment y remédier. Ainsi, une confusion entre des lettres proches ne se travaille pas de la même manière qu'une règle de grammaire incomprise.

- **Augmenter le délai d'intervention**. Votre enfant a des difficultés et c'est donc tout naturellement que vous désirez lui répondre quand il pose une question ou fait mine de ne pas comprendre. C'est en effet ce qu'il faut faire pour montrer que vous le soutenez et que vous êtes à ses côtés pour l'aider dans ses apprentissages. Cependant, il faudra l'amener à se détacher progressivement de votre aide, lui apprendre à faire confiance à ses propres ressources et à les mettre en œuvre.

Concrètement, dès que vous voyez qu'il commence à s'en sortir dans un domaine, amenez-le à plus d'autonomie. Ne répondez pas directement à ses questions, mais retournez-les-lui (*Et toi? Tu en penses quoi? Tu ferais quoi? Pourquoi?*). Intervenez toujours pour éviter l'erreur, mais sans donner la réponse systématiquement. Attirez son attention lorsqu'il risque de se tromper, amenez-le à réfléchir puis à rectifier le tir!

À retenir !

- En aidant votre enfant à surmonter sa dysorthographie, vous faites déjà une démarche formidable!
- Lorsque vous travaillez l'orthographe de votre enfant, agissez progressivement, en lui présentant peu de matière à la fois.
- Préférez des séances de travail courtes, mais régulières. Au cours de celles-ci, dédramatisez et tentez de rester positif.
- Agissez avant qu'une erreur apparaisse afin que votre enfant ne la mémorise pas. S'il devait quand même y avoir des erreurs, prenez soin de les corriger avec application.
- Enfin, apprenez-lui à réfléchir par lui-même en espaçant vos interventions.

FICHE

45 L'aide de la technologie

Aujourd'hui, les enfants dysorthographiques ont la possibilité de bénéficier de nombreuses aides techniques. Celles-ci ne sont pas miraculeuses, mais elles constituent un excellent moyen de compensation. Il en existe déjà énormément et de nouvelles sont développées chaque année.

› Décider des aides adaptées

Toutes les aides techniques ne conviennent pas à tout le monde. Un élève fortement dyslexique et dysorthographique n'aura pas les mêmes besoins qu'un autre dont les troubles relativement légers ne posent que ponctuellement problème. Le mieux est de se concerter avec les professionnels qui aident votre enfant. L'orthophoniste, le médecin, l'enseignant, etc., ils sont là pour vous aider à déterminer quelles difficultés doivent être compensées et par quels moyens. Il est très important d'inclure l'école dans cette démarche, surtout si les aides techniques y seront appliquées.

› Apprendre à utiliser ces aides

Dès qu'il parviendra à tirer le meilleur de ces aides techniques – et cela peut prendre un peu de temps – votre enfant gagnera en vitesse, en facilité et en efficacité. Notons que certains enfants ne parviennent pas à maîtriser seuls leurs nouveaux outils. Ils peuvent alors se faire aider par un professionnel. L'ergothérapeute est la personne la plus compétente dans ce domaine, bien que de plus en plus d'orthophonistes se forment à cet accompagnement.

› Les aides techniques qui facilitent l'orthographe

L'ordinateur

Pourquoi utiliser un ordinateur ?

L'ordinateur est un outil précieux pour les enfants dysorthographiques. Tout d'abord, il s'agit d'un objet qui possède un fort capital sympathie. Les élèves se dirigent bien plus volontiers vers un devoir à réaliser par ordinateur que vers un devoir à réaliser à la main. C'est normal, l'ordinateur est un outil que les jeunes associent au plaisir puisqu'ils l'utilisent souvent pour leurs loisirs (surfer sur le net, jouer en ligne, etc.). Voilà pourquoi quand un enfant s'en sert pour réaliser des exercices d'orthographe, il s'applique mieux, se concentre davantage sur les mots, et par conséquent, mémorise mieux leur forme orthographique.

L'ordinateur s'adapte aux besoins des personnes dysorthographiques puisque de nombreux logiciels et applications peuvent y être ajoutés. Neutre, il n'émet pas de jugement si l'enfant se trompe, ce qui plaît beaucoup aux jeunes en difficulté. De plus, son aide est précieuse en cas de troubles moteurs associés comme la dysgraphie ou la dyspraxie.

Enfin, l'ordinateur est un outil que votre enfant devra impérativement maîtriser lorsqu'il intègrera le monde du travail. Par conséquent, autant favoriser son utilisation dès maintenant, surtout en regard de toutes les facilités qu'il peut apporter.

Utiliser un ordinateur à l'école

Les professionnels ont bien compris les nombreux avantages de l'ordinateur. C'est pourquoi de plus en plus d'écoles acceptent que l'enfant qui souffre d'un trouble de l'orthographe utilise son ordinateur en classe. Équipé d'un traitement de texte avec correcteur orthographique, celui-ci améliore la prise de notes. L'élève perd moins de temps à écrire, parvient plus facilement à suivre ce que dit son professeur et facilite sa relecture future.

En cas de dysorthographie, faut-il apprendre directement à écrire à l'ordinateur ?

Non ! Lors des premières années d'apprentissage, il est très important de privilégier l'écriture manuscrite[1]. Les lettres étant différentes les

1. Sauf dans le cas où un problème moteur empêcherait l'enfant d'apprendre à écrire normalement. Il est évident que l'usage de l'ordinateur doit alors être mis en place le plus tôt possible.

unes des autres, les mouvements nécessaires pour les écrire le sont aussi. Chaque fois qu'elle trace une lettre, la main de l'enfant suit un mouvement spécifique qui aide à la fixer dans son esprit. La même chose se produit pour l'écriture de mots entiers: écrire à la main permet de ressentir corporellement leur orthographe et par conséquent, d'améliorer leur mémorisation. Au contraire, écrire au clavier implique un seul et même mouvement: celui de taper sur des touches avec les doigts. Même si les touches sont différentes, l'enfant ne ressent pas le tracé de ce qu'il écrit et le retient donc moins bien.

Tant que possible, il faut donc privilégier l'écriture manuscrite et passer à l'ordinateur par la suite si nécessaire. Combiner les deux types d'écriture est une autre possibilité.

Les traitements de texte

Les traitements de texte intègrent différents outils qui permettent d'améliorer la lisibilité des documents. Grâce à eux, l'enfant peut choisir une police de caractères qui lui convient, agrandir les interlignes pour faciliter sa lecture, mettre directement en couleur les informations importantes, etc.

En cas de dysorthographie, le traitement de texte est surtout intéressant lorsqu'il est combiné à un correcteur orthographique. Au final, les notes de l'enfant sont plus lisibles et comportent moins de fautes, ce qui facilite l'apprentissage des leçons.

Les correcteurs orthographiques

Les correcteurs orthographiques corrigent l'orthographe d'un texte écrit sur un ordinateur. Tous les traitements de textes possèdent généralement un correcteur orthographique de base. Cependant, ils sont rarement suffisants; il en existe de bien plus perfectionnés et mieux adaptés aux besoins de l'enfant dysorthographique. *Antidote*© ou *Prolexis*©, par exemple, sont des logiciels payants qui corrigent tant l'orthographe lexicale que l'orthographe grammaticale, et qui sont capables de détecter des phrases sans verbe, des problèmes de ponctuation, des fautes de style ou de coordination des temps de conjugaison, etc. Toutefois, même s'ils constituent un outil indispensable, les meilleurs correcteurs orthographiques laissent aussi passer des erreurs. Et lorsque l'orthographe de l'utilisateur est trop mauvaise, ils ne reconnaissent pas tous les mots écrits et ne peuvent donc pas les corriger de manière optimale. Leur utilisation est donc encouragée, mais à condition de rester vigilant quant aux corrections qu'ils proposent.

Les logiciels de prédiction de mots

À nouveau, ces logiciels s'utilisent en même temps que le traitement de texte. Ils fonctionnent en prédisant les mots à écrire à partir des premières lettres tapées sur le clavier. Par exemple, il suffit à l'enfant d'écrire *jar*, pour que le logiciel lui propose *jardin*, *jardinier*, *jardinage*. Cette aide améliore la vitesse de prise de notes. Elle simplifie l'écriture, et surtout, elle évite que l'enfant écrive des erreurs (au risque qu'il les mémorise). Malheureusement, il suffit d'une faute dans les premières lettres pour que le logiciel ne prédise pas le mot nécessaire. Et si une dyslexie sévère est associée à la dysorthographie, l'enfant ne parviendra pas automatiquement à lire les prédictions proposées, et par conséquent, risque de choisir une proposition non adaptée.

Les applications

Que ce soit sur ordinateur, tablette ou smartphone, les applications qui ciblent l'orthographe ne manquent pas. Certaines sont très scolaires et proposent de véritables apprentissages théoriques suivis d'exercices informatisés. D'autres se présentent sous la forme de jeux. Ces applications permettent de faire de réels progrès en orthographe, progrès qui apparaissent aussi lorsque l'enfant écrit à la main. Mais pour en arriver là, il faut que les tâches proposées soient variées (écrire des mots en fonction d'images, composer des mots à l'aide de lettres à sélectionner, copier avec ou sans modèle, etc.), et adaptées au niveau de l'enfant qui joue. Si vous êtes à la recherche de tels logiciels et applications, préférez donc ceux qui offrent la possibilité de personnaliser les variables de jeu (mots à étudier, niveaux de difficulté, temps des parties, etc.).

Les logiciels de dictée vocale

Aussi appelés logiciels de synthèse vocale, ces programmes fonctionnent selon un principe très simple: l'utilisateur dicte des phrases au logiciel qui les retranscrit dans un traitement de texte. *Dragon Naturally Speaking*© est certainement le plus connu, bien qu'il en existe de nombreux autres.

Pour les utiliser, il est nécessaire d'investir dans un bon micro afin que la voix soit facilement reconnue. Un correcteur orthographique performant devra aussi être associé, pour corriger l'orthographe lexicale et grammaticale de ce qui est écrit.

En cas de dysorthographie, ces logiciels ont plusieurs avantages. L'enfant n'est plus freiné par ses difficultés orthographiques. Il devient capable

de produire des textes plus longs, dont la qualité est meilleure puisqu'il ne choisit plus seulement les mots qu'il sait écrire. Il peut donc commencer à prendre du plaisir en rédigeant: essayer de nouveaux styles, développer son imagination, etc. De manière globale, il devient plus rapide et efficace, ce qui diminue sa fatigue et augmente sa motivation face au travail.

Pour une utilisation optimale, il est indispensable de passer par une étape de paramétrage (apprendre au logiciel à reconnaître sa voix). Celle-ci est relativement longue et frustre souvent l'enfant dysorthographique qui voudrait être aidé rapidement. Notons aussi que la qualité de l'écrit varie selon ce qui est dicté. Ainsi, les logiciels de dictée vocale montrent parfois des difficultés avec certains accents langagiers ou termes techniques. Les homophones ou les mots dont la prononciation est proche risquent fort d'être retranscrits avec des erreurs (exemples: *pré* ou *près*, *homme* ou *home*, etc.). De plus, les tics de langage et les bruits de fond sont retranscrits intégralement et perturbent donc le texte prévu. Par conséquent, l'utilisation de cette aide technique suppose une relecture attentive et critique qui n'est pas accessible à tous les enfants dysorthographiques. Enfin, si ces logiciels sont intéressants à la maison, on y fait plus difficilement appel à l'école: les élèves ne peuvent pas dicter leurs notes à haute voix en classe (et les logiciels ne reconnaissent pas les voix lointaines des professeurs).

À retenir !

- En cas de dysorthographie, les aides techniques peuvent devenir de véritables moyens de compensation. Bien utilisées, elles permettent à l'enfant de contourner certaines de ses difficultés et de devenir aussi compétent que les autres.
- Avant d'en arriver là, il faut toutefois déterminer quelles sont les aides techniques dont il a besoin. Elles sont rarement gratuites et il faudra donc aussi envisager leur financement.
- Enfin, il faudra laisser à l'enfant le temps d'apprendre à maîtriser ces nouveaux outils. Cette étape d'apprentissage est nécessaire et conduit à une meilleure utilisation par la suite.

46 Quelques activités pour faire écrire son enfant

› Pourquoi faire écrire l'enfant dysorthographique ?

À priori, cela peut sembler absurde : pourquoi faire écrire son enfant s'il est dysorthographique et qu'il n'aime pas ça ? Cette idée a pourtant beaucoup de sens. L'écriture est LA clé capable d'aider l'enfant dysorthographique à surmonter ses difficultés. S'il y trouve du plaisir, il écrira davantage. Et plus il écrira, plus il entraînera l'orthographe correcte des mots et des accords, jusqu'à les rendre automatiques. Le défi est donc de trouver le moyen de rendre l'écriture plaisante.

› Idées d'activités

- **ÉCRIRE AU MOINS UNE PHRASE PAR JOUR**

Matériel nécessaire : des crayons et des feuilles de papier

Principe : Il s'agit d'encourager l'enfant dysorthographique à écrire au moins une phrase par jour, dans un carnet spécialement prévu à cet effet.

Comment ?

Chaque jour, prévoyez un moment où vous travaillerez avec votre enfant à l'écriture de cette phrase dans son cahier.

Expliquez-lui qu'il peut écrire ce qu'il veut, du moment qu'il forme une phrase correcte. Par exemple, n'acceptez pas la liste de ses joueurs de basket préférés ou les résultats du match de foot d'hier soir, sauf s'il les a insérés dans une phrase qui comporte au moins un sujet, un verbe conjugué et un complément.

Si votre enfant n'a pas d'idée, suggérez-lui d'écrire une phrase à propos de sa journée. Vous pouvez également préparer une liste de sujets en cas de panne d'inspiration (ce que je pense de ma famille, mon professeur préféré, l'endroit où je rêve d'aller, etc.).

Adoptez les attitudes décrites dans la fiche 44 afin d'aider activement votre enfant pendant qu'il écrit. Intervenez toujours avant qu'il se trompe, posez-lui des questions et demandez-lui de justifier tous les accords.

Si vous constatez que votre enfant ne sait pas écrire un mot, utilisez les fiches de la partie *Développer l'orthographe lexicale* (pages 128 à 162) afin de l'aider à le mémoriser. Si l'orthographe grammaticale lui pose des soucis, référez-vous à la partie *Développer l'orthographe grammaticale* (pages 163 à 181) pour intervenir.

Pour peu que vous fassiez réellement réfléchir votre enfant, écrire une phrase par jour est plus efficace que la plupart des exercices traditionnels. En lui proposant de choisir son sujet d'écriture, vous augmentez sa motivation et son implication. Et au contraire des dictées, ce type d'activité insère l'orthographe lexicale au sein d'un contexte qui a du sens. Votre enfant découvre concrètement comment s'écrivent les mots et les accords grammaticaux. Et comme l'apprentissage a un sens, il est retenu à plus long terme.

Par ailleurs, dès que vous questionnez votre enfant à propos de ce qu'il rédige, vous l'obligez à faire appel à ses connaissances et à les réactiver dans sa mémoire. Il n'est plus seulement spectateur mais doit réfléchir activement, ce qui l'amène également à mieux retenir l'orthographe des mots.

Enfin, l'écriture de phrases et de textes est souvent une tâche compliquée pour les personnes dysorthographiques, puisqu'il faut pouvoir gérer de nombreuses compétences en même temps (organiser ses idées, les traduire en phrases, choisir la bonne façon d'écrire les mots, les accorder correctement, etc.). Écrire une phrase par jour est une bonne manière d'habituer en douceur votre enfant à l'écriture spontanée.

Variantes possibles :

- en fonction de l'âge et des difficultés de votre enfant, proposez-lui de réaliser cet exercice sur son ordinateur et de sauvegarder l'ensemble de ses phrases dans un dossier spécifique ;
- dès qu'il se sent plus à l'aise avec l'écrit, augmentez légèrement le nombre de phrases à rédiger. Et s'il s'en sent capable, pourquoi ne pas le pousser à écrire un journal de famille, un carnet de voyage, un blog... ?

• La phrase relai

Matériel nécessaire : des crayons et des feuilles de papier

Principe : Il s'agit d'écrire des phrases à plusieurs pour travailler la production écrite, la grammaire et l'orthographe grammaticale en s'amusant.

Comment ?

Proposez à votre enfant de choisir un sujet, de le dire à voix haute, puis de l'écrire sur une feuille. Si son orthographe n'est pas correcte, corrigez-la directement.

> Exemple : **Les chiens**

Enchaînez avec un verbe qui correspond au sujet. Dites-le à voix haute et écrivez-le sur la feuille à la suite du sujet déjà noté. Justifiez oralement la terminaison du verbe.

> Exemple : Les chiens **mangent** « Ton sujet est au pluriel, j'accorde donc mon verbe à la 3e personne du pluriel : j'écris *ent*. »

C'est au tour de votre enfant de continuer la phrase, en ajoutant une autre catégorie grammaticale (adverbe, complément, etc.). Demandez-lui de justifier tous les accords grammaticaux qu'il écrit.

> Exemple : Les chiens mangent **rapidement** « Je mets un adverbe, pour expliquer comment mangent les chiens. »

Procédez ainsi jusqu'à ce que la phrase ne puisse plus être allongée.

Exemple :

1. Les chiens mangent rapidement **leur gamelle**
2. Les chiens mangent rapidement leur gamelle **noire**
3. Les chiens mangent rapidement leur gamelle noire **remplie de croquettes**
4. Les chiens mangent rapidement leur gamelle noire remplie de croquettes **dans le jardin**
5. Les chiens mangent rapidement leur gamelle noire remplie de croquettes dans le jardin **de papi**.

• Challenge de phrases

Matériel nécessaire: des crayons ou stylos, des feuilles de papier, une paire de ciseaux et un récipient opaque

Principe: Rédiger des phrases qui ont du sens, en y insérant des mots imposés. Comme l'activité précédente, la production écrite, la grammaire et l'orthographe grammaticale seront entraînées tout en s'amusant.

Comment?

Découpez une feuille en plusieurs morceaux d'environ 5 cm de côté. Pour commencer, une vingtaine de morceaux feront l'affaire.

Placez ces bouts de papier au centre de la table et expliquez à votre enfant qu'il va falloir y écrire des noms, des adjectifs, et des verbes. Plus les mots choisis seront originaux et moins ils seront liés, plus la suite de l'activité sera divertissante.

Chacun à votre tour, écrivez un mot de votre choix sur un papier. Lorsque c'est à votre enfant d'écrire, vérifiez bien son orthographe. Essayez de diversifier les mots en choisissant des termes appartenant à des thèmes différents (les animaux, la maison, etc.).

Une fois que tous les papiers sont remplis, mettez-les dans un récipient opaque.

Demandez alors à votre enfant de fermer ses yeux et d'en piocher un, puis de le lire à voix haute.

Ensuite, faites de même avec un autre papier.

C'est au tour de votre enfant de piocher un nouveau papier, puis au vôtre. Arrêtez-vous lorsque quatre papiers sont posés au centre de la table.

Chacun de votre côté, écrivez une phrase qui comprend les quatre mots choisis au hasard. Cette phrase doit être syntaxiquement correcte. Il faudra donc y rajouter des éléments.

> Exemple: Mots piochés: chat – hôtel – pleurer – épinard
>
> Production de l'adulte: *J'étais en vacances à l'**hôtel**, lorsque j'entendis un **chat pleurer** toutes les larmes de son corps, car il avait envie d'**épinards**.*
>
> Production de l'enfant: *Le **chat** qui n'aime pas les **épinards** **pleure** à l'**hôtel**.*

Une fois les phrases écrites, lisez-les à voix haute puis aidez votre enfant à corriger son orthographe si nécessaire.

Variante: Cette activité s'adapte facilement au niveau de votre enfant ou au temps dont vous disposez. Ainsi, vous pouvez choisir de mettre plus ou moins de papiers en jeu (pour allonger ou raccourcir l'activité), d'écrire des classes de mots différentes (adverbe, etc.), d'obliger l'utilisation d'un temps de conjugaison précis, de créer des phrases à partir de plus ou de moins de mots, d'écrire directement la phrase ensemble, etc.

• Cadavre exquis

Matériel nécessaire: des crayons et des feuilles de papier

Principe: Faire écrire une phrase par plusieurs personnes, sans savoir ce que les autres ont déjà écrit. Stimuler la production écrite, la grammaire et l'orthographe grammaticale dans le plaisir.

Comment?

Munissez-vous de feuilles de papier et installez-vous à table avec votre enfant.

En haut de la première feuille, écrivez un sujet puis pliez le papier en rabattant ce que vous avez écrit vers l'arrière, de manière à ce que votre enfant ne puisse pas le lire.

À haute voix, énoncez le genre et le nombre du sujet.

Exemple: *C'est un sujet au féminin pluriel.*

En dessous du pli, votre enfant doit alors écrire un verbe correctement accordé avec les caractéristiques du sujet. Lorsqu'il a fini, il plie sa feuille vers l'arrière pour cacher sa production.

Chacun à votre tour, poursuivez la construction de la phrase en choisissant les catégories de mots à ajouter (complément de phrase, adverbe, etc.).

Lorsque vous estimez que la phrase est assez longue, dépliez la feuille et demandez à votre enfant de lire à voix haute le texte qui apparaît.

Les phrases obtenues sont souvent amusantes puisqu'elles sont formées en ajoutant partie après partie, sans savoir ce que l'autre personne a écrit. Amusez-vous du résultat obtenu et corrigez l'orthographe si nécessaire.

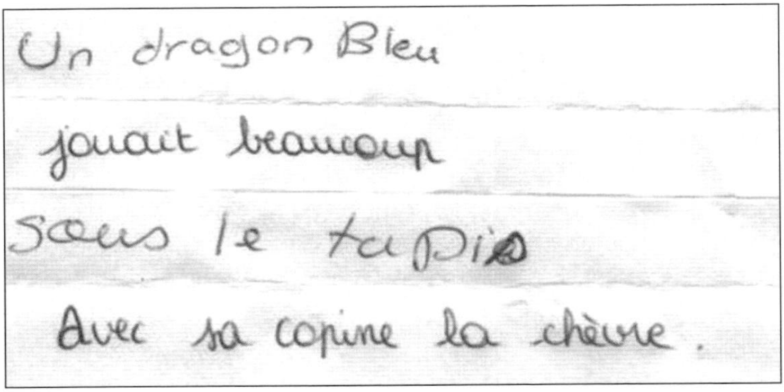

Exemple d'un cadavre exquis

› Des livres pour encourager la production écrite

Vous aurez peut-être besoin de nouvelles idées pour compléter les activités décrites ci-dessus. Voici quelques livres qui pourraient alors vous être utiles :

- Collectif (2014). *J'écris des histoires.* Éditions Usborne.
- Collectif (2015). *Je crée mes bandes dessinées.* Éditions Usborne.
- Coppens, B. & Lemaître, P. (2007). *L'atelier des mots.* Casterman.
- Fati, A. (2012). *Ateliers d'écriture.* Milan.
- Goldie, S., & Vermeir, I. (2010). *L'atelier des mots.* Éditions 3 points à la ligne.
- Leroy, V. (2011). *La fabrique à histoires.* Milan Jeunesse.
- Rivais, Y. (2009). *Jeux d'écriture et de langage. Tomes 1 et 2.* Retz.
- Serres, A. (2012). *La petite école de l'imagination.* Rue du monde.

À retenir !

Les enfants dysorthographiques ont besoin d'écrire pour entraîner leurs connaissances en orthographe et réussir à les automatiser. Malheureusement, l'écriture est rarement leur domaine de prédilection. Tout l'enjeu consiste donc à les faire écrire un peu chaque jour, en privilégiant le plaisir de jouer avec la langue.

47 Préparer une dictée

Comme nous l'avons vu dans la fiche 19, la dictée est une tâche particulièrement difficile pour l'enfant dysorthographique, car elle fait appel à de nombreuses compétences qu'il doit pouvoir utiliser en même temps. Une bonne préparation est donc essentielle pour maximiser ses chances de réussite, et surtout, lui permettre d'en tirer quelques apprentissages orthographiques.

› Avoir la dictée à l'avance

Si possible, demandez au professeur de votre enfant de lui donner le texte plusieurs jours à l'avance. Une semaine est vraiment le délai idéal.

Pourquoi ?

- Le cerveau a besoin de temps pour mémoriser l'ensemble des informations, surtout si elles sont complexes. Après une première étude, il déclasse déjà une partie des éléments. Il faut donc réactiver les informations plusieurs fois pour les ancrer plus profondément dans la mémoire.
- Ces rappels prennent du temps, d'autant qu'il faut respecter le rythme d'étude de chacun. Certains enfants n'ont besoin que de quelques rappels successifs, d'autres en ont besoin de plus (tous les jours, tous les deux jours).
- Votre enfant fait partie de ceux qui ont besoin de disposer de plus de temps pour réellement réfléchir à l'orthographe du texte dicté. S'il le mémorise par cœur sans le comprendre ou sans avoir assimilé les règles à appliquer, il n'en retirera aucun bénéfice. Pire, les mots de la dictée seront oubliés dans les jours qui suivent...

Pouvoir se procurer la dictée à l'avance est donc primordial pour l'enfant dysorthographique, mais aussi bénéfique pour l'ensemble de ses camarades de classe.

› Procéder par étape

Pour aider votre enfant dysorthographique, il est impératif de préparer sa dictée en procédant par étape.

• **Lire le texte**. Premièrement, lisez le texte à voix haute pour que votre enfant le découvre sans être gêné par d'éventuels problèmes de lecture. Mettez-y de l'intonation et rendez-le aussi sympathique que possible.

Dès que vous avez lu le texte, c'est au tour de votre enfant de le faire. Demandez-lui de le lire à voix haute afin qu'il se familiarise avec les mots et les phrases écrites.

Lorsque vous travaillez la dictée les jours suivants, refaites-lui chaque fois lire l'ensemble du texte pour qu'il continue à se familiariser avec les mots qui le constituent.

• **Travailler le sens du texte**. Posez des questions à votre enfant pour vous assurer qu'il a compris le sens du texte. Vérifiez la compréhension du vocabulaire, du second degré, de l'intention de l'auteur...

Cette étape ne nécessite pas beaucoup de temps, mais elle est importante: le cerveau retient plus facilement les informations qu'il comprend, car il peut les relier les unes aux autres. De même, l'orthographe est également influencée par la compréhension. Ainsi, si vous voulez que votre enfant accorde ses phrases au pluriel, il faut qu'il ait bien compris que l'auteur parle d'un sujet au pluriel.

• **Justifier l'orthographe utilisée**. Demandez à votre enfant de passer le texte en revue, en justifiant l'orthographe et les accords de chaque mot. Soit il le fait seul, soit vous lui posez des questions: *Pourquoi un «s» ici? Pourquoi «ent»? Pourquoi «eau» à la fin d'un mot?* etc. Il s'agit de réactiver les connaissances de votre enfant en orthographe avant même qu'il doive écrire lui-même.

• **Identifier les mots difficiles**. Pendant que votre enfant justifie l'orthographe des mots (étape précédente), relevez ceux qui lui posent problème, pour lesquels il hésite ou dont il ne sait pas expliquer l'orthographe. Demandez-lui s'il voit d'autres mots qui lui paraissent problématiques. Écrivez-les sur un papier de manière à y accorder plus d'attention par la suite.

- **Étudier les mots difficiles**. Attaquez-vous aux mots difficiles que vous avez répertoriés. Dans un premier temps, il s'agit de les étudier de manière isolée, de ne travailler que leur orthographe lexicale. Ces mots seront ensuite remis en contexte et votre enfant pourra alors se focaliser sur leurs accords grammaticaux.

Pour étudier ces mots, appliquez les processus de mémorisation décrits dans les fiches précédentes. Idéalement, vous veillerez à faire appel à un maximum de sens différents. Par exemple, demandez à votre enfant d'oraliser les particularités des mots qu'il doit retenir, de les travailler par écrit, de les insérer dans des phrases inventées, de les épeler, de les illustrer, d'en faire des fiches, etc. Enfin, dictez ces mots isolément pour vérifier leur connaissance.

- **Utiliser des couleurs**. Repassez au texte général et demandez à votre enfant d'identifier les accords difficiles et/ou les marques de grammaire qu'il risque d'oublier. Mettez-les en évidence dans le texte: demandez-lui de les souligner, de les surligner, de les entourer... mais en n'occultant pas le reste. Répétez aussi l'opération avec les homophones.

- **Dicter le texte en entier**. À présent, dictez l'ensemble du texte. Si les phrases sont longues et complexes, il vaut mieux les dicter morceau par morceau pour ne pas surcharger la mémoire de votre enfant. Bien entendu, chaque morceau de phrase doit conserver son sens.

Pendant cette phase de dictée, intervenez toujours avant l'erreur. Si vous voyez que votre enfant hésite et qu'il est sur le point de se tromper, interrompez-le et obligez-le à réfléchir avec vous. Voyez avec lui à quelle famille de mots appartient celui qui lui pose problème, aidez-le avec une astuce mnémotechnique, etc. Si vous constatez que l'orthographe d'un mot n'est pas mémorisée ou qu'une règle de grammaire n'est pas bien comprise, reprenez la mémorisation au début.

- **Répertorier les difficultés qui résistent**. Après cette première dictée de l'ensemble du texte, listez les difficultés rencontrées par votre enfant. Cette liste ne lui sera pas montrée. Elle vous servira à cibler les problèmes à travailler en priorité lors des prochaines révisions.

- **Dicter l'ensemble du texte une seconde fois**. On conseille généralement de dicter le texte deux fois de suite (voire plus selon sa longueur). Intervenez chaque fois avant l'erreur, pour que votre enfant mémorise l'orthographe correcte plutôt que celle qui est inexacte.

• **Répéter le processus**. Faites des rappels fréquents de l'ensemble du travail réalisé afin de l'installer solidement dans la mémoire. Faites relire les phrases, retravaillez les difficultés résistantes et dictez l'ensemble du texte à plusieurs reprises. Habituellement, on conseille d'espacer les rappels de plusieurs heures, en accentuant progressivement les délais. Par exemple: 1 h après, 24 h après, 48 h après, etc.

Entre ces séances formelles, insistez sur les mots et les accords plus difficiles. Prenez 5 secondes, pour rappeler une règle à votre enfant, lui demander d'épeler un mot, etc.

Remarque: ce procédé est long, mais il est efficace car il permet un travail approfondi durant lequel l'enfant réfléchit, mémorise et applique directement ce qu'il vient de découvrir. Il apprend à se poser des questions; processus qui lui sera utile pour tout autre travail de ce type. Il acquiert un ensemble de réflexes qui lui serviront pour améliorer son orthographe.

› Pendant la dictée

Vous n'êtes pas en classe avec votre enfant lors de sa dictée. Vous ne pourrez donc pas l'aider à ce moment-là. Mais si vous l'avez bien préparé, vous avez fait le principal.

À la maison, habituez votre enfant à mettre des croix au crayon à côté de chaque mot pour lequel il doute. Expliquez-lui qu'il doit agir ainsi à l'école pendant sa dictée, pour savoir exactement sur quels éléments se concentrer en priorité lorsqu'il se relit. À l'aide d'un guide de relecture, apprenez-lui à se relire de manière organisée, en se posant des questions utiles (voir la fiche 48). Vous augmenterez son efficacité au moment de la vérification finale.

› Après la dictée

Ne vous attendez pas à un sans faute, même si votre enfant n'en faisait plus à la maison. La dictée à l'école est plus compliquée car il est alors stressé, soumis à un rythme plus soutenu, moins concentré puisqu'il n'est pas seul, etc. Soyez en conscients (et réjouissez-vous si le *zéro faute* arrive malgré tout).

Les corrections sont aussi importantes que les étapes précédentes. Si elles n'ont pas été approfondies en classe, prenez le temps de les faire avec votre enfant. Discutez des erreurs commises. Demandez-lui s'il a compris pourquoi l'orthographe n'est pas correcte et ce qu'il aurait dû écrire à la place. À nouveau, faites-le réfléchir et insistez sur la mémorisation.

À retenir !

- La dictée est une tâche difficile pour l'enfant dysorthographique ; il est nécessaire de la préparer au mieux. Pour cela, demandez d'avoir une copie du texte à l'avance. Préparez-le attentivement, en procédant par étape et en veillant toujours à combiner compréhension, réflexion et mémorisation.
- Apprenez aussi à votre enfant à repérer les mots sur lesquels il devra insister lors de sa relecture. Enfin, ne faites pas l'impasse sur la correction une fois que l'épreuve vous revient.

FICHE

48 Construire un guide de relecture

› Pourquoi se relire ?

Nous avons tous tendance à dire « relis-toi » à l'enfant qui vient d'écrire. Dans ces deux mots, les adultes sous-entendent un « corrige-toi » que l'enfant ne perçoit pas. Pour lui, ce « relis-toi » reste abstrait et plus ou moins vide de sens. Il va donc obéir à l'injonction et se relire littéralement, sans se poser de questions ni intervenir sur ce qu'il vient d'écrire...

Relire n'est donc pas un acte aussi simple qu'on le penserait et les plus jeunes ne savent pas forcément comment procéder. Or, la relecture est un moment important qui permet de diminuer le nombre d'erreurs et de gagner des points...

› Pourquoi construire un guide de relecture ?

Les enfants en difficulté ont besoin d'une véritable méthode pour se relire efficacement. Le guide de relecture est un outil concret qui les structure et les guide (Par où commencer ? Comment procéder ? etc.). Plus ils l'utilisent, plus ils s'habituent aux différentes étapes de la vérification orthographique. L'objectif final est évidemment d'automatiser les réflexes de relecture, afin que ces enfants réussissent par la suite à se relire et se corriger de manière autonome.

› Les caractéristiques d'un bon guide de relecture

- **Être rapide à utiliser**. Votre enfant ne doit pas perdre 10 minutes à comprendre comment le manipuler ou déchiffrer ce qui y est écrit. On évitera donc de le surcharger de tableaux compliqués, d'illustrations, d'exemples, etc. La règle n° 1 est de le simplifier au maximum.

- **Être efficace et remplir ses missions principales** : revoir les points importants de l'orthographe, permettre une diminution réelle du nombre de fautes, focaliser l'attention de l'enfant sur ses faiblesses habituelles. Pour cela, on veillera à ne pas y ajouter des vérifications inutiles.

- **ÊTRE PRATIQUE À UTILISER**. Par exemple, le guide de relecture peut permettre de barrer ce qui a déjà été relu puis d'être effacé. Au niveau de l'apparence, il sera de préférence avec une forme et des couleurs qui donnent envie de l'utiliser, sans être distrayant pour autant.

- **ÊTRE ADAPTÉ À VOTRE ENFANT**. Le guide de relecture doit correspondre à SES besoins et être suffisamment flexible. Il doit être personnalisé au fur et à mesure de la progression de la matière scolaire. Au début des apprentissages, il ne comporte que le minimum à revoir. Il est ensuite complété, adapté, et allégé de ce qui est parfaitement acquis. Par exemple, il est totalement inutile d'y inscrire la relecture des participes passés si votre enfant ne les a pas encore étudiés à l'école. Inversement, n'y indiquez pas la vérification de la ponctuation si votre jeune est déjà performant dans ce domaine.

Remarque: Le guide de relecture peut prendre plusieurs formes, selon les goûts et les besoins de chaque élève. Une fiche cartonnée fera l'affaire pour certains, d'autres préféreront une feuille A4 dans une pochette plastique, d'autres encore choisiront d'en faire un set de table, un sous-main, un marque-page... Tout est envisageable!

› Contenu d'un guide de relecture

Idéalement, le guide de relecture doit permettre de vérifier tant le fond que la forme de ce qui est écrit.

- **Le fond**: il s'agit de relire et de se poser des questions sur le sens du texte, comme si on le découvrait pour la première fois. Est-ce que je raconte ce que je voulais comme je le voulais? Est-ce que tout est compréhensible? N'ai-je pas oublié de mots? L'organisation des idées est-elle cohérente? Le style est-il correct et adapté? Le vocabulaire est-il juste et adéquat? Etc.

- **La forme**: il s'agit ici d'analyser ce qui est écrit et de revoir l'orthographe lexicale et grammaticale.

- Pour l'orthographe lexicale, vous demanderez à votre enfant de vérifier l'orthographe de tous les mots écrits, et de s'assurer qu'ils correspondent bien à la forme orthographique qu'il a en tête.

- Pour l'orthographe grammaticale, vous rappellerez à votre enfant de vérifier les accords des mots selon leur classe et leur fonction au sein de la phrase.

- La ponctuation doit aussi être revue. N'hésitez pas à insister quand vous travaillez avec votre enfant, car il s'agit d'un domaine relativement simple à comprendre et à vérifier. Les erreurs de ponctuation sont donc faciles à éliminer et les points facilement sauvés !

› Comment construire un guide de relecture ?

- Avant toute chose, expliquez à votre enfant pourquoi relire et comment procéder. Ensuite, construisez un guide de relecture avec lui afin qu'il lui corresponde le plus possible. Pour cela, ciblez ses besoins et ses envies (quels mots utiliser, quelle mise en forme préférer, etc.). Plus votre enfant se sentira impliqué dans la construction de ce guide, plus il mettra de la bonne volonté dans sa façon de l'utiliser.

- Déterminez dans quel ordre vérifier les éléments. Habituellement, on estime qu'il faut d'abord revoir le fond puis la forme et que dans cette seconde partie, on commence par les accords sujets-verbes, avant d'aborder les noms, les adjectifs et les déterminants, etc. Même s'il semble logique d'identifier le sujet avant de vérifier l'accord du verbe, l'ordre des éléments dépend de chaque enfant et peut donc varier. Certains préfèrent qu'on revoie la ponctuation à la fin de la relecture, d'autres avant tout le reste...

- Avec votre enfant, déterminez quelle forme donner au guide de relecture, comment l'organiser. Plutôt comme une « checklist » ? Comme une grille ? Comme un schéma type *MindMapping* ?

- Sur le guide de relecture, reprenez les mots et les illustrations utilisés en classe (selon les écoles, on parle plutôt de *complément du verbe*, *complément verbal*, *complément d'objet*, etc.). Si l'enseignant utilise des pictogrammes pour représenter les classes de mots, utilisez-les également, choisissez les mêmes codes couleur, etc.

- Dès que vous avez achevé le guide de relecture, testez-le avec votre enfant pour déterminer s'il lui correspond et quelles sont les adaptations à prévoir. Vous devrez certainement réaliser plusieurs versions intermédiaires avant d'aboutir à l'outil idéal.

Exemple de guide de relecture

À retenir !

- La relecture est une étape essentielle, bien que généralement mal aimée et bâclée par l'enfant dysorthographique. Et c'est compréhensible : il a déjà donné tellement d'énergie dans la phase d'écriture qu'il n'a souvent plus de courage pour le reste ! Pourtant, dès le moment où il parvient à relire efficacement, l'enfant dysorthographique diminue ses erreurs et gagne donc des points.
- Pour aider votre enfant à accéder à une relecture efficace, construisez avec lui un guide de relecture qui correspond à ses besoins et qui le guidera tout au long de ses vérifications.

49 Demander des aménagements pédagogiques

› Pourquoi demander des aménagements pédagogiques ?

L'aide à domicile et la rééducation orthophonique sont essentielles en cas de dysorthographie. Toutefois, pour que le jeune dysorthographique puisse exprimer tout son potentiel, surmonter ses difficultés en orthographe et conserver sa motivation, des mesures pédagogiques adaptées doivent aussi être mises en place à l'école.

Dans de nombreux pays européens, les établissements scolaires sont à présent obligés de prévoir des aménagements pour aider les élèves qui souffrent d'un trouble des apprentissages. Les mesures doivent être déterminées en concertation avec les enseignants, la famille, et parfois l'enfant concerné. Elles supposent donc la mise en place d'une réelle communication entre ces différentes parties.

› Quels aménagements pédagogiques demander ?

Tous les élèves dysorthographiques n'ont pas besoin des mêmes aménagements pédagogiques. Les mesures à mettre en place varient selon l'importance des difficultés, les forces qui peuvent être utilisées, la motivation à bénéficier d'un aménagement plutôt qu'un autre, et le degré d'acceptation de l'école. En fait, il existe une multitude de manières d'adapter la scolarité. Par souci de synthèse, nous n'aborderons dans cette fiche que les aménagements les plus fréquemment demandés. À vous de les personnaliser, de les adapter, de les améliorer... en fonction de la situation de votre enfant.

› Adapter l'organisation de la classe

Comme tous les élèves en difficulté, l'enfant dysorthographique tirera profit d'une salle de classe adaptée. Rassurez son professeur, il ne faudra pas de grands bouleversements pour commencer à l'aider.

Idéalement, le mieux est de placer l'élève dysorthographique au **premier rang** pour qu'il puisse poser ses questions à l'enseignant sans toujours devoir le faire devant tout le groupe. Cette position permet aussi à l'enseignant de garder un œil attentif sur l'enfant, afin de l'aider dès qu'il semble perdre pied.

La lecture de l'enfant dysorthographique sera facilitée s'il est assis **face au tableau**. D'une manière générale, il est préférable d'éviter les bancs disposés en demi-cercle qui ne permettent pas à tous les élèves de voir facilement le tableau.

Attribuer des places qui fonctionnent sur le principe du **binôme aidant** est positif pour tous les enfants. Concrètement, il s'agit de placer un élève qui n'a pas de difficulté à côté de l'enfant dysorthographique. Au contraire de ce que certains parents peuvent penser, aider un camarade de classe ne tire pas le niveau de celui qui aide vers le bas. Dès qu'il réexplique la matière, l'enfant qui aide la réactive et consolide sa mémorisation.

Évidemment, la place de l'enfant dysorthographique devra aussi être choisie en fonction de sa **latéralité** (droitier ou gaucher). Il est préférable qu'elle ne soit **pas trop proche de lieux de passage**. S'il y a trop de déplacements autour de lui, l'élève risque de se déconcentrer plus vite.

Si le jeune dysorthographique a tendance à être désorganisé, il vaut mieux qu'il soit assis à un banc **proche du matériel commun** à la classe (étagère des fournitures par exemple). Cela lui évitera de devoir trop se lever et perturber le reste du groupe.

Enfin, l'enfant dysorthographique et ses camarades profiteront tous de murs décorés de **panneaux** qui leur rappelleront les principales règles à retenir. S'ils sont clairs et grands, ils pourront s'y référer aisément en cas d'oubli.

› Adapter l'enseignement de l'orthographe

Faut-il privilégier un apprentissage explicite ou implicite de l'orthographe ?

À l'école, l'orthographe peut être enseignée en suivant une démarche implicite ou explicite. Toutes les deux ont leurs avantages et leurs limites.

Dans **l'apprentissage implicite**, l'enseignant présente différents textes à ses élèves. Il éveille leur attention sur certaines formes orthographiques; il les aide à dégager des règles générales à partir de ce qu'ils lisent.

Cette démarche fonctionne surtout avec les enfants qui ne souffrent pas de difficultés d'apprentissage.

Dans **l'apprentissage explicite**, l'enseignant énonce les règles orthographiques, les explique, puis donne des exercices afin d'entraîner leur application. Plus systématique, cette démarche structure les connaissances dans l'esprit des élèves. Elle est reconnue comme étant plus efficace en cas de dysorthographie.

Ces deux formes d'enseignement de l'orthographe se complètent bien puisqu'elles travaillent tant la réflexion que la compréhension, l'apprentissage pur et l'application des règles orthographiques. L'idéal est de les combiner en insistant davantage sur l'apprentissage explicite qui permet une meilleure généralisation des connaissances.

Autres stratégies d'enseignement

En plus de l'apprentissage explicite de l'orthographe, l'enseignant dispose de nombreuses stratégies pour développer les compétences orthographiques de ses élèves.

- Pour aider l'enfant dysorthographique, il veillera à faire étudier en priorité les **mots fréquents** et les **régularités** du français.
- **Faire du sens** est aussi très important. S'il parvient à contextualiser ce qu'il explique, l'enseignant augmente l'intérêt de ses élèves qui peuvent alors créer des liens entre les nouveaux apprentissages et les connaissances qu'ils possèdent déjà. Par conséquent, ils comprennent et mémorisent mieux les informations.
- En plus des méthodes classiques, un apprentissage **multisensoriel** de l'orthographe, l'utilisation de **fiches**, la sensibilisation aux **familles de mots**, à la **dérivation**, à **l'étymologie**, etc. font partie des techniques supplémentaires à sa disposition.
- Enfin, il est indispensable d'accorder toute l'attention nécessaire à la **correction des erreurs**. Cette étape peut être extrêmement bénéfique pour le jeune dysorthographique, à condition qu'elle soit systématique. Pour cela, il faut que les erreurs soient reprises une à une par l'enseignant et qu'il les corrige en expliquant et démontrant pourquoi ce n'est pas correct.

› Ne pas faire recopier l'élève dysorthographique

Pourquoi ?

En primaire comme en secondaire, les leçons sont fréquemment écrites au tableau avant d'être recopiées par les élèves. Il s'agit d'un procédé difficile et peu efficace pour l'enfant dysorthographique. Tout d'abord parce qu'il souffre souvent de difficultés d'orientation dans l'espace qui impliquent un mauvais traitement visuel des mots écrits. Il réalise trop de va-et-vient entre le tableau et sa feuille, ne s'y retrouve plus, et finalement copie avec plus d'erreurs que les autres. Et si sa copie est remplie de fautes, il risque fort de les étudier par la suite.

Recopier ce qui est écrit au tableau demande aussi plus d'efforts à l'enfant dysorthographique. En effet, il s'agit d'une double tâche qui implique non seulement d'écrire, mais aussi de lire. Or, la majorité de ces enfants présentent un trouble de la lecture associé. Ce double travail entraîne donc une lenteur et une fatigue importante, qui ne leur permettent pas de consacrer l'énergie restante à la compréhension de ce qui est enseigné. Dès lors qu'ils doivent recopier une leçon, les enfants dysorthographiques perdent déjà une partie de l'enseignement de celle-ci...

Distribuer le cours à l'enfant avant de commencer la leçon

S'il est déconseillé de faire recopier les enfants dysorthographiques, quelles sont les autres alternatives possibles? La meilleure serait que l'enseignant leur fournisse des copies papier de ce qui va être appris en classe. Pour que cette démarche soit utile, les copies devraient être distribuées avant le début du cours, afin de permettre à ces enfants de se les approprier en même temps que les explications orales.

Si l'enseignant n'est pas d'accord, il faudra que ces enfants s'organisent pour compléter et corriger leurs notes avec celles d'autres élèves (faire des photocopies, prendre des photos avec son smartphone, etc.).

› Le cas des rédactions

Les tâches de productions écrites posent de nombreux problèmes aux enfants dysorthographiques. Ces derniers les évitent donc au maximum. Pourtant, il est possible que leurs textes ne soient pas automatiquement plus courts et plus pauvres que ceux des autres.

Pour cela, il est impératif de donner accès à tous les outils d'aide et de correction. Des dictionnaires, au guide de relecture, en passant par l'ordinateur équipé des logiciels adéquats, l'enfant dysorthographique doit pouvoir faire appel aux outils permettant de compenser ses difficultés.

Si l'orthographe des mots fréquents a été revue auparavant, il se sentira également plus à l'aise en rédaction puisqu'il parviendra à écrire une partie significative du texte sans trop de problèmes.

Tant que l'élève dysorthographique n'a pas surmonté ses difficultés, l'enseignant ne doit pas hésiter à adapter ses consignes en diminuant ses exigences quant à la quantité de texte à écrire. Mieux vaut le faire écrire moins, mais en lui permettant de se concentrer pleinement sur ce qu'il fait, plutôt que de vouloir à tout prix qu'il atteigne le nombre de lignes décidées, au risque qu'il ne prête aucune attention à l'orthographe et à la grammaire.

Enfin, l'enseignant veillera toujours à insister sur l'étape de relecture.

À retenir !

- *La mise en place de mesures pédagogiques adaptées est essentielle pour donner aux jeunes dysorthographiques la possibilité d'exprimer leurs compétences en limitant l'impact de leurs difficultés en orthographe.*
- *Parmi les aménagements les plus fréquents, on retrouve le fait de ne pas faire recopier les notes, de permettre l'utilisation de différents outils d'aide lors des productions écrites ou d'adapter l'organisation de la classe et la manière d'enseigner l'orthographe.*

ÉCOLE
FAMILLE

50 Adapter les interrogations

› Pourquoi adapter les interrogations ?

Si les élèves n'aiment généralement pas les évaluations, les enfants dyslexiques et dysorthographiques les apprécient encore moins. En raison de leurs difficultés, ils les perçoivent comme de réelles épreuves infranchissables et partent souvent perdants d'avance. Pourtant, il suffit parfois de quelques aménagements pour les aider à réussir.

Malheureusement, ces aménagements ne sont pas toujours appliqués. Les enseignants qui les refusent partent du principe que ce n'est pas juste pour les autres élèves de la classe, qui eux, n'en bénéficient pas. Ils font référence à la notion d'égalité, qui veut que tout le monde soit traité de la même manière. Ce qu'il faut leur dire est simple : **l'égalité ne fonctionne que si tout le monde part égal. Or, la dysorthographie constitue un handicap scolaire**. On ne peut pas agir de la même façon avec les enfants « dys » qu'avec les autres élèves, puisque les premiers partent dès le début avec du retard. Ce qu'il faut viser, c'est l'équité. **L'équité, c'est permettre à tout le monde d'atteindre l'égalité en tenant compte des différences entre les personnes**. Si l'objectif pédagogique d'une interrogation est bien de vérifier la connaissance et la compréhension d'une matière, alors il faut s'assurer que c'est cet objectif qui est réellement évalué, et pas seulement les faibles compétences en rédaction, en orthographe ou en lecture !

› Vérifier la compréhension des consignes

Pourquoi ?

Comme nous l'avons vu dans la première partie de ce livre, la dysorthographie est presque toujours accompagnée d'un trouble de la lecture. Pour l'enfant dysorthographique-dyslexique, l'interrogation commence donc à lui poser problème dès le moment où il doit lire et comprendre la consigne... Même s'il a bien étudié sa leçon et qu'il la connaît sur le bout des doigts, il est susceptible de répondre à côté de la plaque s'il n'a pas compris ce qu'on lui demande. Afin que l'enseignant évalue réellement les connaissances de cet enfant, il doit lui permettre de les prouver sans que la lecture des consignes constitue une barrière.

Que mettre en place ?

Une fois les feuilles du contrôle distribuées, le mieux est de lire les consignes à voix haute de manière à ce qu'elles soient entendues par l'ensemble de la classe. Tout le monde en bénéficiera. Même les élèves qui n'éprouvent aucune difficulté peuvent avoir ponctuellement besoin d'un petit rappel à propos de ce qu'on attend d'eux.

Par ailleurs, s'il a l'impression qu'un de ses élèves ne comprend pas une consigne, l'enseignant peut lui demander de la reformuler. Si le jeune dysorthographique la répète mot pour mot et qu'il ne sait pas la réexpliquer autrement, il y a de grandes chances qu'il ne comprenne pas ce qu'on lui demande. L'enseignant devra alors réexpliquer différemment ce qu'il attend de lui.

› Corriger différemment

Pourquoi ?

Il suffit parfois de peu de chose pour faire la différence. Un enseignant est capable de corriger différemment ses contrôles, sans dépenser trop d'énergie. Tout au plus devra-t-il changer quelques habitudes. Par contre, ce changement peut être vraiment significatif pour l'enfant en difficulté, qui comprend mieux comment s'améliorer et se décourage moins. De manière générale, la relation professeur-élève n'en sera que meilleure.

Que mettre en place ?

- **Éviter l'encre rouge**. Cela semble peut-être anecdotique, pourtant, corriger au stylo rouge reviendrait au même qu'écrire une remarque en lettres capitales. Lorsque de l'encre rouge est utilisée, les élèves se sentent davantage agressés et perçoivent plus négativement leurs notes, ce qui détériore leur relation avec leur enseignant. Par contre, lorsque les copies sont corrigées dans une autre couleur, les élèves sont plus positifs par rapport à leurs points de même qu'envers leur professeur.

• **Réfléchir aux commentaires**. Les commentaires laissés sur une évaluation sont tout aussi importants que les points. Ils ne déterminent pas la moyenne obtenue par l'enfant, mais ont un impact sur la manière dont il se perçoit. Pour être efficace, un commentaire ne doit être ni agressif, ni jugeant. Des remarques comme «C'est n'importe quoi, il est temps de te réveiller!» ne sont pas constructives, puisqu'à part se sentir accusé, l'enfant ne sait pas quoi en faire. Un commentaire ne doit pas non plus être trop vague. Ainsi, «faible!» ou «peut mieux faire» n'indiquent pas à l'enfant ce qui a posé problème, ni comment rectifier le tir la fois suivante. Enfin, un commentaire doit rester honnête. Il ne faut pas demander à l'enseignant d'écrire que tout va bien si le contrôle est entièrement faux. Toutefois, il peut souligner ce qui n'a pas été, tout en suggérant des pistes d'amélioration. Des commentaires encourageants, qui mettent en évidence les progrès ou les efforts, sont généralement hautement appréciés par les enfants (dysorthographiques ou non!).

• **Différencier le fond et la forme**. Lorsqu'un contrôle est prévu pour évaluer les connaissances d'une matière, il faut que celui-ci évalue la matière prévue, et non d'autres facteurs externes comme l'orthographe. Ainsi, il n'est pas normal qu'un enfant qui a étudié et qui connaît parfaitement le système solaire et son fonctionnement perde des points parce qu'il écrit mal, en dehors des lignes prévues, ou avec des fautes d'orthographe... Dès qu'un enseignant enlève des points pour des raisons pareilles, il sanctionne l'enfant pour des difficultés qui le pénalisent déjà le reste du temps. Au final, la note de l'élève est diminuée, alors qu'il a fourni de réels efforts pour connaître son cours. Il est important que l'enseignant comprenne que les troubles des apprentissages augmentent l'apparition d'erreurs connexes, dues aux faibles compétences en lecture et en orthographe. Ces erreurs touchent à la forme de ce qui est transmis par l'enfant, alors que c'est le fond, c'est-à-dire le degré de connaissance, qui doit être évalué et noté.

• **Comptabiliser le nombre de réponses justes**. Le principe est simple. À force de travail, l'enfant dysorthographique s'améliore. Toutefois, son niveau reste plus faible que celui de sa classe. Par conséquent, le risque que cet enfant se décourage est important, puisque les évaluations scolaires ne reflètent pas ses progrès. Par exemple, il continuera à avoir 0/20 en dictée puisqu'il a réalisé plus de 20 erreurs d'orthographe, même si son stock de mots bien écrits augmente de jour en jour et qu'il a mémorisé de nouvelles règles de grammaire. Dans ce cas, la meilleure chose à faire est de procéder à l'inverse de ce qui se fait d'habitude.

L'enseignant comptabilisera le nombre de réponses justes et non le nombre d'erreurs. Bien entendu, il ne s'agit pas de mettre 35/20 parce que 35 mots de la dictée sont bien écrits. Il s'agit plutôt de déterminer quels sont les mots importants ou les règles qui doivent être absolument appliquées et de comptabiliser le nombre de fois qu'ils sont bien utilisés.

› Donner du temps supplémentaire

Pourquoi ?

Dans une classe, ce sont souvent les élèves dyslexiques et dysorthographiques qui ne finissent pas leurs interrogations à temps. La dernière question n'est pas achevée, rien n'est relu, il manque des réponses... Autant de situations qui vous rappelleront sans doute quelque chose... En fait, ces enfants ne sont pas plus lents que les autres. Ce sont leurs difficultés qui les empêchent d'être aussi rapides et performants. Il suffit d'avoir des problèmes en lecture pour perdre quelques minutes à chaque étape d'une interrogation. Or, ces minutes peuvent s'avérer précieuses, surtout lorsqu'il s'agit de gagner des points nécessaires à la moyenne.

Que mettre en place ?

Un des aménagements les plus fréquemment demandés concerne le tiers-temps supplémentaire. Plus simplement, il s'agit d'octroyer à l'élève dysorthographique plus de temps pour réaliser son contrôle. Ce délai supplémentaire peut aller jusqu'à un tiers du temps donné aux autres élèves. Grâce à cet aménagement, l'enfant dysorthographique peut consacrer le temps et l'énergie nécessaire à la lecture des questions et des textes, à leur compréhension, puis à la restitution de ses connaissances. Il a le temps de travailler sa production écrite, mais également de se concentrer sur son orthographe et sa ponctuation. Enfin, il peut relire et vérifier ses réponses, ce qui lui est souvent impossible lorsque la durée de l'évaluation est trop courte.

› Ne pas utiliser de questionnaires à choix multiples

Pour évaluer l'orthographe lexicale, il est impératif d'éviter les questionnaires à choix multiples (aussi appelés QCM). Ce type d'interrogation fonctionne en proposant différentes manières d'écrire un même mot, parmi lesquelles se trouvent une bonne réponse et d'autres qui constituent autant d'erreurs. Les QCM ne permettent pas d'évaluer correctement la connaissance de l'enfant dysorthographique. À cause de son trouble d'apprentissage, celui-ci fixe moins solidement les formes orthographiques des mots dans son répertoire mental. Lorsqu'il lit les différentes propositions, celles-ci viennent perturber les connaissances orthographiques qu'il avait déjà si difficilement mémorisées. L'enfant remet en question ce qu'il pensait savoir et doute; sa mémorisation est comme ébréchée. Dans le pire des cas, il risque de choisir une manière erronée d'écrire le mot, de la considérer comme vraie et de la retenir.

› Évaluer différemment

Pourquoi?

Parce qu'il est impératif de vérifier les connaissances réelles de l'enfant dysorthographique, il est parfois nécessaire de contourner l'écrit en utilisant des modes d'évaluation moins classiques.

Que mettre en place?

• **Les réponses lacunaires**. Le principe est simple: il s'agit de permettre à l'enfant dysorthographique de répondre en écrivant le moins de contenu possible. Quelle que soit la matière scolaire, l'enseignant peut formuler ses questions en insérant un texte lacunaire à compléter avec les termes adéquats. En agissant ainsi, il diminue la charge de travail et permet à l'élève en difficulté de se concentrer sur l'orthographe de moins de mots.

• **L'évaluation orale**. Grâce à l'évaluation orale, l'enfant dysorthographique n'est pas limité par son trouble, puisqu'il n'est pas confronté au mur de l'écrit. S'il a étudié et qu'il connaît sa matière, il a donc autant de chances que les autres de réussir son contrôle.

De nombreux cours se prêtent facilement aux évaluations orales. Certains enseignants ne les utilisent que pour évaluer les enfants qui souffrent d'un trouble du langage écrit. D'autres en profitent pour évaluer toute la classe. Les deux cas de figure sont envisageables, suivant le temps dont l'enseignant dispose.

- **Les discussions de groupe**. Pour évaluer leurs élèves, certains enseignants leur demandent de débattre ou de discuter à partir d'un sujet étudié en classe. De cette façon, ils sont obligés d'utiliser différemment leurs connaissances. Il ne s'agit plus de réciter par cœur quelque chose qui a été appris. Il faut pouvoir faire appel aux informations mémorisées, pour les utiliser au bon moment, les mettre en lien, les confronter. Cela implique une utilisation en situation réelle, ce qui est très positif puisque ça permet à l'enseignant de vérifier que tout est étudié et compris. Ce procédé ne peut pas être utilisé comme seul moyen d'évaluation, puisqu'il désavantage les enfants plus introvertis et timides. Cependant, il s'agit d'un bon complément à d'autres procédures d'évaluation, ou d'une manière de rajouter des points bonus à un contrôle déjà passé.

- **Les dessins et schémas**. Plutôt que de demander à un enfant dyslexique et dysorthographique de réexpliquer la digestion de la grenouille à grand renfort de texte écrit, pourquoi ne pas lui donner un schéma détaillé à compléter ? L'enseignant peut également lui permettre de réaliser le schéma d'une matière. Ainsi, il pourra vérifier si tout a été correctement étudié. À nouveau, il ne s'agit pas de se limiter à cet aménagement, mais bien de l'utiliser ponctuellement dans les contrôles, pour diminuer la charge de l'écrit.

- **La manipulation**. Certains cours sont favorables à une évaluation basée sur la manipulation. Le cas le plus flagrant est sans doute celui du cours de sciences qui permet la reproduction d'expériences faites en classe. Si un enfant souffre d'un trouble de la lecture et de l'orthographe, il préférera reproduire concrètement la démonstration étudiée (en ajoutant des explications orales). De cette manière, l'enseignant pourra réellement évaluer la qualité des connaissances de son élève. Au contraire, si cet enfant doit réexpliquer l'expérience par écrit, le risque est grand que ses difficultés d'orthographe, d'organisation et de relecture l'empêchent de réellement communiquer ce qu'il sait. L'enseignant estimera que ses explications sont peu claires ou incompréhensibles. L'élève sera alors en situation d'échec à une question qu'il connaissait pourtant.

- **Les aides techniques**. Certaines écoles acceptent l'utilisation d'aides techniques lors des évaluations (voir la fiche 45). Les possibilités sont nombreuses. Parfois, une copie du contrôle est donnée sur clé USB. L'enfant peut donc utiliser le traitement de texte pour y répondre, de même que d'autres outils comme des correcteurs orthographiques, des dictionnaires, etc. Avec des écouteurs, il est aussi possible d'utiliser un scanner couplé à un logiciel de synthèse vocale. Ainsi, l'élève se fait lire les questions et les textes par son ordinateur, ce qui lui permet d'éviter les erreurs de lecture.

› Le cas des dictées

• **Adapter les dictées.** Redoutées entre toutes, les dictées peuvent pourtant être aménagées pour l'enfant dysorthographique.

L'enseignant peut décider, par exemple, de ne pas lui dicter tout le texte prévu mais une plus courte partie. De cette manière, l'enfant pourra se concentrer sur moins de mots et de phrases et disposera de plus de temps pour se relire et se corriger.

De même, les dictées à trous constituent un exemple de texte lacunaire adapté. Le principe est le suivant: l'enseignant donne une copie du texte à l'élève dysorthographique en ayant effacé les mots ou les accords qu'il estime les plus importants. Ce sont eux que l'enfant devra écrire. L'enseignant dicte alors le texte à l'ensemble de la classe qui l'écrit entièrement. L'enfant dysorthographique n'écrit que les mots manquants en concentrant toute son énergie sur la recherche de leur orthographe.

• **Cibler les points d'orthographe et de grammaire évalués.** Les dictées sont plus efficaces lorsqu'elles ciblent un point d'orthographe qui a été précédemment travaillé en classe (au contraire des dictées choisies de manière aléatoire). Elles permettent alors de voir comment l'enfant s'en sort et si des exercices ou des explications supplémentaires sont nécessaires ou non.

• **Utiliser le vocabulaire abordé dans les différentes matières.** En outre, l'idéal serait que l'enseignant réalise ponctuellement des dictées sur base de mots ou de phrases travaillés dans d'autres matières. En procédant comme cela, il permettrait à ses élèves mémoriser l'orthographe des termes nécessaire dans un autre cours. Outre le gain de temps, les mots seraient alors utilisés dans différents contextes, ce qui améliorerait leur mémorisation. Exemple: dicter le vocabulaire d'un cours de morale, d'histoire ou de géographie.

• **Adapter le rythme.** Il est important que l'enseignant adapte son rythme lorsqu'il dicte les phrases ou les mots aux élèves. C'est d'autant plus vrai s'il a un enfant dysorthographique dans sa classe. En effet, celui-ci éprouve des difficultés à garder en mémoire ce qui vient d'être dit tout en cherchant comment l'écrire. Si le rythme d'élocution est trop rapide, il se contentera d'écrire ce qu'il entend sans se soucier de l'orthographe à appliquer. Il a donc besoin d'un rythme plus lent, qui lui permet de gérer ces tâches simultanément.

- **Laisser l'enfant utiliser des outils adaptés.** Comme pour les autres interrogations, il est bon de permettre aux enfants dysorthographiques d'avoir des outils d'écriture ou de relecture auxquels ils peuvent s'accrocher. En fonction des situations et de la matière ciblée par la dictée, l'enseignant pourrait accepter que son élève utilise des synthèses qui rappellent les règles grammaticales importantes, une fiche qui reprend les mots invariables les plus fréquents, un guide de relecture, etc.

- **Aider l'enfant à se relire.** Une fois le texte dicté, l'enseignant doit veiller à ce que ses élèves vérifient ce qu'ils ont écrit. Il ne doit pas se contenter de leur demander de relire, mais bien leur donner des stratégies pour le faire intelligemment (réfléchir, apprendre à détecter les erreurs, procéder partie par partie, etc.).

Faire une dictée sans insister sur la correction est pédagogiquement peu intéressant. En effet, il faut que la phase de correction soit suffisamment exploitée pour que l'enfant dysorthographique (comme ses camarades, d'ailleurs) améliore ses connaissances en orthographe.

- **Quelques idées pour rendre les dictées (un peu) plus sympathiques :**
  - dicter des textes choisis ou écrits par les élèves eux-mêmes ;
  - dicter des textes humoristiques ;
  - personnifier le texte de la dictée en y plaçant les prénoms des élèves de la classe ;
  - changer le type de dictée utilisée (voir la fiche 19) ;
  - ne pas toujours mettre de points.

À retenir !

- Les évaluations ont pour objectif de vérifier les connaissances et la compréhension des élèves. L'égalité voudrait que tous les élèves soient évalués de la même manière. Toutefois, les enfants « dys » souffrent de difficultés d'apprentissage qui doivent être prises en compte et qui nécessitent un aménagement des interrogations.
- De nombreuses mesures peuvent être prises pour adapter les interrogations. Qu'il s'agisse de lire les consignes à haute voix, de corriger différemment, de donner du temps supplémentaire, d'organiser différemment les pages… il s'agit avant tout de mesures qui visent à renforcer l'équité, c'est-à-dire de mesures qui donnent l'opportunité à chaque élève de réussir, en adaptant les aides à ses besoins spécifiques.